U0877280

点亮艺术之眼

——伟大的博物馆

伟大的
博物馆

Museo Archeologico Atene

雅典
考古博物馆

〔意大利〕卢卡·莫扎蒂 编著
陆元祀 译

内蒙古科学技术出版社

前 言

一座博物馆，像是一个装着高雅的物品的容器，令人关注和兴奋。雅典考古博物馆展现的是一个历程，它穿过了一个由人类集体完成的、并且以美学的形式表达的、也许无法重复的和最戏剧性的精神体验。原来，是历史上那些伟大文明中独特的、散居在一个艰难地区的人民，想要并且能够给予人的那些伟大问题以艺术形式：生存的意义、命运、情感、自然、神性、生命与死亡…… 希腊文物就这样应运而生了。

希腊艺术通过一种文化的、社会的、演化的那些紧密联系的阶段，标志和决定着西方文明的特有基础。那些明显的新石器时代的前奏，事实上给精致的弥诺斯文明的突然出现，和由巨大危机颠覆下的弥凯奈社会的低沉史诗留下了空间。随后，在数个世纪默默无声的酝酿之后，几何时代的艺术概念逐渐发展起来，这是一种想要使人们新的世界观合理化，并对之进行表达确切意愿的不可避免之标志。从这个时代以后，艺术的改变陪伴着一个对于自己本身和自己在世界上的存在与行动进行推论的民族狭窄的精神路程。从上古时代的“惊奇完成的微笑”到享乐主义，到对于真实世界的观察，再到希腊化的痛苦，经历了艺术家对于自己作品严肃风格的那些勇敢表现，佩利克列斯与菲狄亚斯等艺术家雕琢下雅典的那些清晰适度的作品，足可变成经典的范例：简单和庄严的神殿，能够在人类存在的动物性之中获取永恒性的雕塑，精彩的彩绘陶器…… 在这里，器皿的构造形式是那些制造者要讲述的简要故事不可分离的结构。

希腊艺术以独特方式表现了人和人在世界中的作用，表现了作为认识工具的头脑之潜能，表现了那种不可重复的和戏剧性的想要“测量”世界并通过美来展现神与不可认知物奥秘意愿的明确信心。在作为希腊文明留给全人类的最高和最珍贵的遗产，即顽强的、不可放弃的对于一种理想的认知自由中，希腊的艺术家们是那样顽强和不可驯服的，想要使人类与自然之间的平衡变成令人可感知的群体，是那种对于现实世界中不存在的不能被人的头脑认识和定义的，因此被表达为一些服从一条铁一般的美学形式的东西——这一信念的勇敢主人公和不寻常的证人。

在根据一种杰出的展览传统而被更新过的雅典考古博物馆，每件作品对于人们的暗示是如此的强烈，使人有必要一次又一次地回来，以本能中应有的良知去领会它，走遍它的那些令人难忘的大厅。这也许是一个博物馆应当向当代人奉献的最令人震惊的经历。

卢卡·莫扎蒂

目　录

雅典考古博物馆

雅典考古博物馆位于希腊首都雅典欧摩尼亚广场附近，始建于1866年，1889年完工，是希腊最大的博物馆，它的建立对于希腊在结束数个世纪的从属地位之后重建民族身份，有着伟大的象征意义。

希腊的独立

在1821年，希腊起而反抗奥斯曼帝国的统治并迈向独立，随后经历一场长时间的战争，1829年，这场战争最终以承认希腊自治而结束。1830年，根据俄、英、法三国签订的《伦敦议定书》，希腊被正式承认为独立王国。

当时，于1776年出生在科尔福的卡波迪斯特里亚斯已经成为了沙皇俄国最好的外交家之一，是一位在欧洲范围内有着光辉的外交生涯的人物，同时特别致力于促成瑞士联邦的独立和中立。成为俄国外交大臣后，他带着激情支持希腊的独立要求。在1822年，他提出辞职，并隐退到日内瓦。在那里，他得知，刚刚组成的希腊国家议会选举他为希腊独立后首任国家元首。他于1828年在纳夫普利亚登陆，首次触及希腊大陆，在那里他发现一个悲剧性的形势：为独立而进行的斗争演变成了一场正在摧毁国家的内战。

因此，卡波迪斯特里亚斯采取了一系列的政治、经济和军事措施，试图使形势扭转过来，但他低估了那些手中掌握着大部分军队的、曾经在独立战争中起过重要作用的、并且希望看到自己的作用被承认的司令官的权力。在形势恶化下，卡波迪斯特里亚斯被刺杀。

他死后，其弟奥古斯提诺斯继任，但他也没有能够阻止国家陷入混乱。在这个时刻，英国、法国和俄国，由于害怕一种极端主义的革命运动倾向，立巴伐利亚的王子奥托为希腊国王。

雅典考古博物馆存放亚历山大和罗马时代作品的大厅
1920—1930 年

在雅典的各个博物馆

1834 年，雅典被宣布为希腊的首都。1837 年，埃基纳博物馆的那些最好的作品和来自国家各个不同地区的那些发现物中的大部分——除了某些特别重要的，如在希腊的德尔菲、奥林匹亚和克里特这些地区的发现物，都被集中到了雅典并被安排摆放进了一些历史建筑物中。于是，这些建筑物变成了各种收藏品的保管者，让艺术珍品得以保存和展示——如所谓的阿哥拉的特赛翁、从 1843 年起通过国王令而开放的中央考古博物馆、阿得里亚诺图书馆和风之塔等。在同一年，考古协会（一个在国家控制下的私人社团，实施新的挖掘、收集、分析文物和主编科学出版物）建立，它的博物馆被临时安排在大学的一个大厅里。在 1865 年，政府控制了瓦尔瓦凯庸学校的六间大厅，以便能够对古代作品进行一种更加充分的展示。在这段时间里，作品的数量迅猛地增长。这既是由考古协会发起的活动所致，也是由于热爱艺术的人们将自己收藏品的单件作品或是全部收藏捐赠给博物馆的结果，如卡拉帕诺斯的和德梅特里乌的捐赠，以至博物馆中的某些展览区显得不足以容纳和展示这些作品。对建立一个能够以有机的方式集中文物，以使希腊艺术以不同寻常的方式展示给公众，并便于人们理解的新博物馆的需求，变得迫切起来。

新的博物馆

在1866年，几位捐助人的慷慨捐助，使新的博物馆的建成成为可能：埃莱尼·托西察，这位雅典上层社会的代表人物，捐赠了土地；同时，一些数目庞大的必要资金则由德梅特利奥斯、尼科拉奥斯·贝尔纳尔达基斯、考古协会和国家提供。开始于1874年的工程在1889年完成，由建筑师和画家路德维希·朗格指导。但他的设计如要完全实现，对于国家来说则是个过重的负担，于是设计被帕纳热斯·卡尔科斯作了局部的调整。后来，建筑又被两位跟着国王奥托到达希腊的巴伐利亚建筑师哈尔莫迪奥斯·伏拉科斯和恩斯特·齐勒尔作了调整。此外，这座城市里的数量众多的新古典主义建筑物的建立也归功于他们二人。他们根据当时的博物馆实践经验，将博物馆的正面彻底重新设计为新古典主义的风格，并且改动了博物馆的东翼和中央大厅的平面设计。

基克拉泽斯岛的小提琴形偶像
公元前3200年至公元前2000年

在1881年，希腊最早的那份雕塑的目录出炉，它收集了新博物馆的作品和那些来自特赛翁、阿得里亚诺图书馆和考古协会的收藏作品。从那个时候开始，特赛翁被仅仅用作贮存库，一直到新博物馆的最终布置和阿戈拉博物馆在阿塔罗二世重修的画廊被建成时。不懈的挖掘和发现在继续丰富着各种收藏品：考古协会和国家部门的挖掘，事实上与那些由某些驻在雅典的外国学校的派遣机构所推动的挖掘一同进行，由施利曼从1874年开始在弥凯奈发现的那些非凡的文物和来自埃及的德梅特利乌捐赠的收藏品也加入到了这当中。

由于国家博物馆是唯一拥有与文物的保管和修复有关的各种研究室及各种相应的安全服务机构，于是它变成了在那些不具备相应机构的地区发现的各种极珍贵物品的自然的目的地：一些来自奥林匹亚的小型青铜雕刻品、来自贝奥提亚的普托翁的古老雕像、某些有着特殊重要意义的雕塑（由得罗斯岛的法国学校和阿尔戈斯的赫莱翁的美国学校所发现），以及由考古协会在德尔菲和埃皮达乌罗斯的那些巨大神殿的挖掘中所发现的物品都汇聚到这里。

涅斯托尔之杯，来自弥凯奈A区域的第四号坟墓
约公元前1500年

新的扩建和战后

新发现物的积累很快就使可用空间变得不够了：博物馆东翼进行了两次增建之后，于20世纪初，根据阿纳斯塔西奥斯·梅塔克萨斯的设计，博物馆又增加了一个新的翼；并且在1932至1939年间根据G.诺米科斯的设计，在西北边又建起了一座两层的新建筑。最后的这次扩充发生在一个新的研究与发现季节，这些发现以阿戈拉的挖掘和奥林匹亚挖掘的重新开始为顶点，而在阿戈拉的挖掘中出土的那些物品，则给这个城市的文明生活投下了前所未有的光明。第二次世界大战的爆发使博物馆中各种重新组织的工作被迫中断，同时，各种文物也被包装和埋藏起来。

在战争结束时，尽管这个筋疲力尽地走出冲突和内战的国家有着当时悲剧性的经济和社会形势，但政府依然勇敢地将博物馆的重新布置与开放视为那些应当实现并完成的首要目标之一。因此，政府着手进行了对于巨大建筑结构的几乎彻底的重建，以更新各个展示空间，并建造了必不可少的地下室，以保存经过适当分类之后的无数不可能也没必要在正常参观路程中展示的作品，而原先的建筑物只保留了围墙。最终，在那些开始没有设立博物馆的地区，如德

泰拉的艺术家所画，有河流和动物的壁画（部分）
约公元前 1500 年

尔菲、奥林匹亚、得罗斯、埃皮达乌罗斯和其他一些地点，博物馆也相继被建立起来。因此，只在一些特殊情况下，新的作品才被送到国立博物馆。

这个工作阶段一结束，人们即开始进行对各种收藏品的重新组织、对收藏品的分类和随之而来的展示准备，这后一项工作由博物馆馆长——考古学家克利斯托斯·卡卢索斯负责，这项艰巨的任务也得到他的妻子——同为卓越的考古学家的赛米以及他们的合作者们的帮助。今天的作品布置，除了某些次要的变更，仍然被优先考虑的是它们的材料——大理石、青铜、陶瓷为基础的作品，而不是以一种年代和地理类型为基础的展示标准。

希腊艺术的解读标准

希腊艺术文明的形成是一个特别丰富的、错综复杂的、独特的现象。它的主题处于自身在世界的存在之中——面对自然、面对神，面对来自不可阻挡的自我意识之增长的人。自由的思辨思想是一个惊人的向真实性接近的工具，它能够以极尖刻锐利的分析艺术，并以无偏见的勇敢将艺术变为自己的财富。这个进程的最初阶段的特

来自画家普罗诺摩斯的团体，带有红色人物形象的年轻战士的杯子
约公元前 400 年

征是：一个从容的愉快表达和一个富于幻想而不受抑制的，甚至是“无意识的”活力感。随后，希腊人的日益增长的思想理性，导致了各种艺术表达形式的诞生：它们被理解为对于宇宙的逐渐认识和占有，人能够通过各种和谐与美的规则，以领会宇宙的最深刻的真实性。不过，各种悲剧性的历史事件打碎了这个信念，在那个时期，希腊艺术的最后阶段，以痛苦和怀旧的方式，表达了个体意识在面对越来越变为一个个体的人与不可能简化为抽象示意图的历史之间平衡的瓦解时的绝望。

作为宇宙秩序的几何抽象化

相对于弥诺斯和弥凯奈的幸福文化时期的自然主义的兴盛，希腊艺术确立了一些未曾有过的价值。在它之前是一个“实验”时期，也就是所谓的原几何时期。从公元前 9 世纪开始，几何时期达到完全成熟，在这时期，形式感达到一种前所未有的有机性，它在陶瓷作品中被完整地表达出来。这样，艺术上升到了一个新维度：它不再是装饰物或多余的附加物，而是人类认识活动的基本要素，因为它能够表现出被人类的直觉所感知的和谐，并赋予它以形式。从公元前 8 世纪开始，艺术家们的兴趣开始集中到人物形象的再现上，而诗人和哲学家们也在同时发现人物形象的复杂和伟大。人们就这样理解，“真理”不是在可实验事物之外，而是在它之内，从而人们开始探究它并解释它，以抓住它的本质。这一不受各种非本质的偶然性约束的核心，被以有机的、有秩序的、自然的和深刻的形式加以还原，而这个形式则是被象征手法概括和理想化了的。人们确立了一个前所未有的美感，美作为理解形式被人类实验，如认识和意识，是表达出事物的普通本质的手段。希腊艺术的至高和极度的伟大意义就在这个直觉之中——人是“一切事物的尺度”。

对人的美的发现：“古典的”平衡

从拟古主义的僵硬安排解放出来后，生命和它所表达的无限多样性，以各种新的，能够回答思想、行为和情感的已经增长的复杂

阿提卡艺术家所作，德梅特里奥斯的儿子德摩克莱依底斯的墓碑。这位重装步兵死于一场海战，也许就是公元前 394 年的哥林多海战（部分）
公元前4世纪前半期

性的解决方法冲进艺术。艺术家们在品达罗斯和埃斯库罗斯等具有希腊意识的伟大革新者所生存的时代里发挥着作用，各种研究围绕着宗教感情，为深化这个主题而争论。

在作为东方蛮族的战胜者的人与传说中打败了各种原始混乱之力量的众神之间的差别，正在被转化为一个唯一的、不可胜过的区别，即不死性。这一新的倾向被希腊诗人埃斯库罗斯很好地理解，他在德尔菲注意到“当前的雕像更为生动，而古代的雕像则更为神圣”。借助波吕克列托斯，被古希腊哲学家毕达哥拉斯宣扬的观念“人是一切事物的尺度”实现了它最完整的造型表达，同时，为这个从拟古主义开始就一直在人类形象中表达宇宙和谐的人性化的过程作了总结。

公元前4世纪时的危机

雅典与斯巴达之间的伯罗奔尼撒战争（公元前 431—公元前 404 年）的各种事件，以不可清除的方式在整个希腊世界重复发生，使之在经济上和实力上都经受了考验。但古典理想中的一种在人、自然、神之间的已经达到的平衡的情感表达，却被战争打碎了，被一种在艺术中表现出的不安的忧伤替代。被雕塑家波吕克列托斯创造的带

带有新装备的雅典的考古博物馆的大厅里青年运动员的雕像
公元前 5 世纪的后半期

着坚定信念行走在一个属于他，甚至就是被他的庄重步伐定义的空间里的理想的人，似乎停下了脚步。从这个时刻开始，艺术越来越多地转向开发个体的内在性，而不仅仅是赋予各种普遍事物以形式而已。比方说，斯科帕将面对人类状况的一种几乎是不可容忍和反抗的感情表现在大理石雕塑品中；普拉克西特利斯则以充满着暗淡忧伤的形式，在自己的作品中表现出一种不完美感。

希腊化时代

希腊各城邦的军事和政治力量的瓦解，促成了腓力二世所统治的马其顿王国的逐步确立。公元前 338 年，腓力二世在凯罗奈亚打败了希腊各城邦，由此而开始了自己所领导的也包括西方在内的诸大王国时期。

腓力二世的儿子亚历山大在公元前 333 年渡海到亚细亚，以一系列的猛烈而大胆的胜利，击败波斯人。希腊人的古老的复仇梦想在一个自信是命运的使者、被众神帮助并且胜过任何人的亚历山大

戏剧面具
公元前2世纪

的领导下得到了实现。希腊文明一直扩展到了印度河，但是却发生了根本性的转变：绝对君主制代替了民主政体，君主的“英雄画像”被确立，而对于曾经构成希腊思想与精神性之基础的各种美学的、道德的和集体价值尊重却解体了。

在希腊化国家里，艺术不再寻求还原事物的普遍秩序，而是寻求分析个体的不可重复的道德、心理、智力特征。随着曾经在先前的那些世纪里为城邦之存在辩护过的伦理范畴的衰落，现象世界的各个方面有着越来越多的重要性，从而一个接一个地击毁先前禁止对现象进行一种过于逼真的复制的那些障碍。艺术于是改变了目标，转变成为对于君主或领主们的荣耀的装饰，并且开始变为工业产品而不是探求人类生存状态的表现手法。最终，随着罗马的征服，希腊的艺术家们以仿古的形式重新创造了过去的那些伟大作品，以满足世界的新主人的文化需求，确切地说是对奢侈品的需求。

雅典考古博物馆

主要馆藏

双耳球形瓮

新石器时代晚期，公元前2900年至公元前2600年

彩陶
高 25.5 cm
出自第米尼，清单编号 5922

第米尼地区（在帖萨利亚的马涅西亚行政区的沃罗德附近）与邻近的赛斯克罗一起，被人们复原了目前已知的在希腊的新石器时代定居点的最完整的景象，其特点是农业和牧业类的文明。挖掘工作于 1901 到 1903 年间由 V. 斯塔伊斯和 C. 楚恩塔斯开始进行，并从 1977 年开始，由 G. 库尔穆齐亚迪斯教授继续进行。有着很大范围并且从城市规划角度上被很好地安排布局的这个定居地，由数量众多的房屋构成，在这些房屋之间显示出大屋的形状——这在后来的那些世纪里得到了极为重大的发展，并且它矗立在一个高地的顶端，高地则被双层墙保护。这个定居点在公元前五千年开始就有人居住。人们在其附近发现了一个重要的弥凯奈文化的地点，陶瓷艺术品是保存到今天的主要的物资证据。陶瓷艺术品又可被细分为各个不同类型：带有被白色覆盖的雕刻装饰图案、特殊的螺旋纹和回纹饰的单色陶器，和所谓“第米尼风格”中的彩色陶瓷，上图的这件器皿就属于这一类。这是一个罕见的新石器时代的彩色陶瓷样本，它以完美的工艺和绘画技巧、美丽的砖色陶土制成，表面涂有一层闪亮的灰白色珐琅质。它的装饰图案是这一类型风格中具有特征性的图案，即带状纹、Z 形纹、螺旋纹、回纹，以闪光的褐色或黑色绘制。这种装饰反映出来的抽象手法正是典型的新石器时代风格：一个象征物能够表达一种复杂的世界观和制作者在精神上相当丰富的世界观，这种观念已经远离了旧石器时代的强烈的自然主义，并且被投射出来的是再现思想的概念和示意简图，而不是人与物体。

帕罗的大理石
高 20cm
来自基克拉泽斯群岛的凯罗斯，清单编号 3910

吹笛者雕像

公元前2800年至公元前2300年

与基克拉泽斯群岛表现的女性形象——通常被认为是大母神相比，这件作品与在整个地中海地区被以各种不同形式表达的崇拜对象的雕刻不同，它表现一个站立的双笛演奏者，双腿略微叉开，双脚立在一个小小的长方形底座上。这件雕刻与后面介绍的竖琴演奏者属于同一套丧葬用品。相比那些有着更为果断的造型特征的古典偶像，如巨大的女性神，这个雕像属于一个不同的流派，或者说表达了一种不同的内容：是人的内容而不是神的内容，或者说是人物的行为而不是缄默的崇拜。人物形象在空间里的可靠结合，投入到吹奏中的努力——它吸收了人物的所有生命之能，外形简单，其特征为有着雕刻者柔软敏感性的对于大理石的加工，这一切都向人们暗示了其作者是一个具有可信手段和杰出的创造性技巧的雕塑家——善于赋予那能够最终是一种大众情感或信仰的表达手段以一个艺术的厚度。雕像的身体是健壮的，由一双短腿稳固地支撑着，但是雕像身体线条的柔和却减轻了双腿的体积，并与大理石的美和它的渗透性一起，似乎将这个体积散发到了周围。相比于那些确切地说更是表达"偶像"的，在其封闭的结构中完美无缺的那些雕塑，这些大理石雕像似乎更像是被构思和创造在一种前所未有的与空间的关系之中。这个作品是完整的，只除了两根笛管——它们都已消失了。

大型女性偶像

公元前2800年至公元前2300年

大理石

高 152 cm

来自阿莫尔戈斯岛，基克拉泽斯群岛，清单编号 3978

在希腊大陆出土的文物证明，从公元前第九个千年开始，大陆的居民与基克拉泽斯群岛的居民之间的关系就已经存在，那里的渔民肯定在爱琴海上航行过。从公元前第五个千年开始，基克拉泽斯群岛变成了与黑曜岩贸易紧密结合的重要的海上港口。黑曜岩是一种玻璃状石头，人们用很大一部分将它制成切割工具。在各个岛上出现了一些专门从事借助石磨以分拣黑曜岩、浮石和石头，从而让人们交换生活必需品的长期工场。随着青铜时代的到来，小村庄渐渐地被一些发达的海港城市取代，海港城市的重要意义在有关赫菲斯托斯（希腊神话中的火神与匠神）的神话中得到证明，这里的庞大的锻炉就设在莱姆诺斯岛上。在公元前第三个千年，冶金经济的发展导致一些有着可观意义的大城市的形成，与之伴随的是一个特殊的艺术繁荣。在一片那时无疑是庞大而危险性高的大海上，散布着众多在海岛上辛勤劳作的手工艺人，他们就是这样给人与自然之间的那种极特殊的对话赋予形式——这种对话将以越来越具有具体意识的形式，决定着希腊艺术后来的道路。爱琴海地区的艺术制造产生在一个没有强大集权结构的社会，这个社会虽然分散，却分享着一个共同的文化地基，并且通过一种内部的朝向自然主义的倾向来表达自己，即使是通过一些被强烈理智化了的格式。这种文化的最重要表现，就是那些被出口到整个爱琴海盆地的大理石偶像。由于它们绝大多数都是女性偶像，因此人们认为，这些是丰产女神的再现。图中雕像为迄今发现的最大雕像，保存完好，并且呈现出其曾经有颜色的痕迹。

坐在王位上的男子小雕像（正在演奏一个乐器）

公元前2800年至公元前2300年

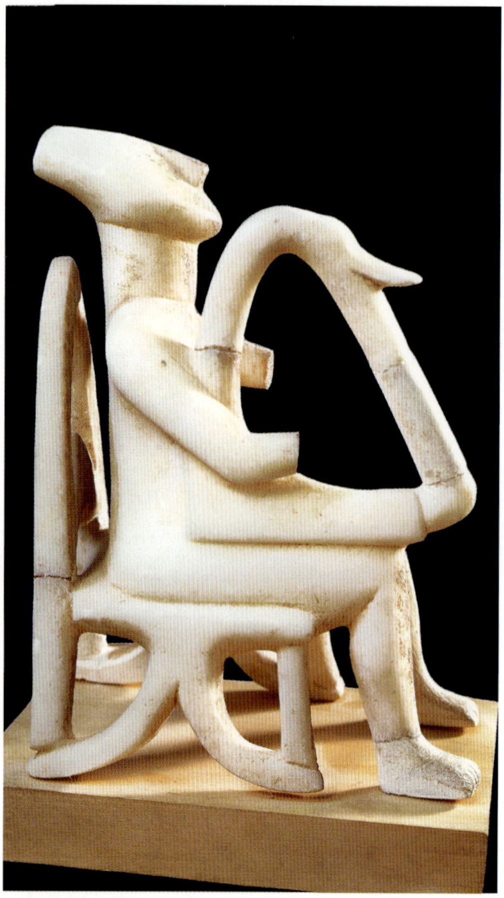

大理石，高 25cm，
来自凯罗斯，基克拉泽斯群岛，
清单编号 3908

凯罗斯岛是小小的基克拉泽斯群岛中的一个无人居住的岛，由于这里考古文物丰富，成为希腊最重要的海岛之一。在基克拉泽斯群岛，从公元前第三个千年的最初那些世纪开始，就发展起来一种独立的文明，它明显不同于同时代小亚细亚、克里特和希腊大陆上发展起来的那些文化。除了某些仍存在争议的物品，如人们所说的以几何和人物形象雕刻装饰的“铛”（博物馆中保存有一些著名的这类作品），最著名的作品就是以大理石制作的所谓基克拉泽斯偶像。这类偶像被细分为较抽象的一类，即所谓“小提琴形”，这是由于它们与小提琴有着奇异的相似，是较为自然主义的一类，被强有力地风格化了，通常是表现女性人物形象。可惜的是，非法挖掘已经将这一珍贵且不可复得的遗产散布到了全世界的各个博物馆和私人收藏之中。雕刻表现的是神的人格化还是人，人们至今对这个问题仍然不清楚。在图中，“音乐家”的腿上拿着一件弦乐器，乐器呈三角形，形成一种天鹅头的形状，似乎是一种竖琴。与其他的基克拉泽斯雕刻作品相比，这件“演奏者”受到关注，正是由于它以三维和构图空间的质量所体现的大胆的结构概括展现在整个构图中，使得轻巧的王座达到了透明。从它“迷惘”的面部，人们似乎能读到它的心情，它给作品传达了一种深刻的诗义，使之可被列入同时代的杰出之作的行列。这幅雕像的左腿与右脚是被修复的，先前它的双手已缺失。

裸体女性人物小雕像

公元前2800年至公元前2300年

帕罗斯的大理石
高 20cm（左图）和 46cm（右图）
来自叙罗斯岛，基克拉泽斯群岛，清单编号 6174

这些雕像与前面的那些一样，属于古代基克拉泽斯第二时期（青铜古代第二时期）和考古学家们集合在“基克拉泽斯偶像（或小偶像）”这个标签之下的那个时期，因为人们标记这样一个时代，是为了表现女性的精灵和神明。与保存在国家博物馆，与来自阿摩尔戈斯岛的大尺寸作品为突出代表的类似作品一样，这些作品是一些用大理石制作的女性形象，被表现为处于完全的赤裸之中：双臂交叉，胸部为浮雕，并且在左图的作品中，其生殖器通过一个以细致线条刻划出的三角形而被突出。这件样品的轮廓被牢固地融合为一个由轻微弯曲的线条和生动的角构成的效果。由于这些轮廓被创作者智慧地组织起来，于是它被列入这一类型的最精致的作品之列，它有着略微脱离开身体的双臂和轻轻分开的双腿，这一处理手法进一步强调了偶像的生殖器。在其他一些作品上也能见到女性偶像的腹部隆起，也许暗示着怀孕。人们也因此认识到这个肖像学类型的众多变体（男性的，特别是女性的）——从那些最抽象的简图式的（如在这里被展示的偶像），到那些相对较为自然主义的，有时还被装饰着雕刻和画的珠宝。这些文物全部来自墓地，在那里，它们也许被面部朝上地平放着——这个姿势可能暗示着死者被安放着，差不多也就是被放入坟墓的姿势。最为罕见的男性形象通常被表现为正在演奏乐器或佩带着武器。可惜，由于曾经有人不加区别地搜寻它们以供应非法市场，只有极少的小型偶像在正规挖掘中被发现，因此，关于它们的功能、它们的用法和它们的文化含义，考古学家们极难提出可靠的假设。

“平底锅形”物

公元前2800年至公元前2300年

正在被考察的这件物品，与在锡罗斯岛上的卡朗德利亚尼的墓地中发现的其他一些类似文物一样，其定义来源于它特殊的形状。它使最初的那些挖掘者想到它与用于烹制食物的平底锅相似：有一个手柄，一个被装饰的平面，一条凹的边缘，被圈以一条高的沿，可以放在火上，似乎是用来装食物的。不过，这个实用功能目前已经被排除了。它的外边通常被装饰着几乎抽象的基克拉泽斯典型的螺旋线图案，这种图案可能代表着大海，最后这种解释受到那个明显的顶点向下的三角形的支持。这种三角形存在于各种样品中(其中就有在这本书中被表现的)，几乎可以肯定地被解释为是对女性生殖器官的一个再现，另外它还与在大理石“小偶像”中能够见到的那种表现形式相同。某些情况下，装饰图案的中央有一个图像，它似乎能被解读为一只由桨推进的船，仔细辨认它的船艄，好像能够认出是一条鱼。根据一些应该说是近似的解释，这些作品也许与女性的繁殖力（或者也与海洋活动）有关，但它们的功能仍然是不够明确的。有人提出这样的假设：它们可能具有一个用于宗教的、巫术的、仪式的功能，或者与埃及古代王朝的“小铲”有相同的功能，也就是珍贵的女性化妆物品——用于混合用作化妆品的粉末，或者在光滑而没有装饰的里面盛满水后，被当成镜子使用。

小熊或刺猬形盆

公元前2800年至公元前2300年

彩色陶

高 10.8cm

来自锡罗斯岛——基克拉泽斯群岛之一，清单编号 6167

基克拉泽斯群岛工艺家们的创造性幻想被展现在交叉手臂的“小偶像”中和“平底锅状”用具中，他们当然还创造了另一些类别的物品，这些物品中有少量的样本幸存了下来，其中就有这件占有重要地位而富有生气的小盆。这是一个小的手工制品，它表现的是一种动物，通常被认为是一头小熊，或者说是一只刺猬，正欲从它颈部所对着的一只碗中喝水。这件作品的自然主义意图被在浅色底色上的黑色单色画强调，它以一种不同的图画使这个动物的腹部和背部变得更明显。工艺家们特别突出了它的一双大眼睛，这双眼睛似乎正呆滞地看着某个东西，这东西使它在活动中分散注意力。工艺家们尖刻的活跃性和这种表达的自发性给予这个小盆一种直接性的意味，使之与那些属于“非文化”特征的最好的作品，也就是与一种僵硬和固定的制造示意图无关的作品有着亲缘关系，这是地中海地区动物形器皿的最富有制造传统、最有意义的成果的特征。很有可能，物体的品质——它精细的清新，这种形象表现出来的可以推测的独一性，应该是现今已经不能重构的，是特殊、固有的。与前面的物品一样，这个小盆来自墓葬，属于基克拉泽斯古代第二期，在这个时期，大部分的坟墓（在各海岛，如在希腊海岸）是由一条大体为长方形的略深的沟构成，这条沟由一些竖起的石头划出界线，并被盖以巨大尺寸的石板。墓葬品由珠宝或由一些似乎专为死者或模仿死者而造的物品构成。

名为“春天”的壁画

公元前16世纪

从泰拉岛上阿克罗提利第二号三角楣组画上剥下的壁画
清单编号 BE.1974.29

在公元前第三个千年，也就是青铜时代的开始时期，在圣托里尼岛上的阿科罗提利，人们曾经建造了一个重要的定居点，它不断地变大，直到在青铜时代中期和晚期（公元前20到公元前17世纪）变成爱琴海最大的港口之一。繁荣的经济形势导致一个极精致的城市文明的发展，它表现为一些有着多层的、被装饰得华丽的墙壁绘画，价值昂贵的用具和从克里特、爱琴海各岛、中东和埃及进口用于作豪华房屋的物品。大约公元前16世纪末，居民们突然被迫放弃了被多次极强烈地震摇撼的这个岛，紧接着地震的是一次火山喷发，它给众多建筑物覆盖了一层由灰和碎石构成的“厚被子”，这些东西就像当年掩埋庞贝城的火山灰一样，使这个地点得到一种特殊的保存。被大量发现的壁画（装饰着私人建筑物的那些主要房间和众多公共建筑物的房间）上面所画的场景毫无连续性地相互连接，画家们丝毫不考虑如门、门洞、角落和窗等的建筑因素，而表现的是一些互不相同的对象，但几乎总是自然的环境。这里的这幅壁画占着第二号三角房挨着地面的房间的三个侧面，它表现了一个由各种鲜明颜色的碎片组成的在一处岩石悬崖上的百合花盛开的场面。天空完全是白色的，除了最上方的一抹是蓝色的。天空中画着一些鸟，可能是燕子。画中所表现的与弥诺斯绘画常规的和谐是特别明显的，特别表现在对于岩石的反自然主义和充分的表现上，因而它再现的不是当时的泰拉岛景象。那些描绘树立着的不是如现实中发生的那样弯曲的百合花，也许正是作者将要表现的春天到来的意愿。

有印度羚羊和拳击手的壁画

公元前16世纪

人们对于阿克罗提利的挖掘开始于 1967 年，虽然居民点的存在已经在一百年前就被人们知晓了。这一系列的挖掘由希腊考古学家斯皮利东·马利纳托斯领导，受到雅典的考古协会的资助。马利纳托斯坚信能够证明他的理论，即弥诺斯文明的毁灭归因于泰拉火山的爆发。在他于 1947 年去世后，挖掘由赫利斯托斯·杜马斯教授继续进行。这幅壁画曾经所在的 B1 号房间也许是一个圣所，正如被发现的那些献供物所表明的一样。在许多面墙上展开的绘画，其主要对象是一系列的羚羊，它因其一幅完全依赖线条力量的绘画的结构能力，而成为泰拉岛的最值得记忆的发现之一。线条将动物的攻击性还原为它们之间明确的竞赛。画面是流动和轻快的，有效地概括画家要表达的意愿并具有强烈的表现力，房间的特点被完全废除，不存在践踏的平面。白色的背景衬托出线条的痕迹，而一律为红色的上面的部分则给画中的羊角上增添了一种隐藏的威胁意义。在红色背景上的一个独立的镶板被专门用于描绘拳击手的战斗，两个竞争者看似只有七八岁的年龄，被以在当时的艺术中罕见的表现手法描绘。他们只系着腰带，腰带上垂着一块遮羞布，他们留着长长的黑发，扎成漂亮的辫子。左边的拳击手戴着一些首饰，面部苍白，而另一位的残缺状态则使他无法被正确解读。两个人右手上都戴有拳击手套。这个场景也许是一场仪式性战斗的表现，也许是对于由羚羊的格斗所表达的自然对抗的一种象征性再现。

墓碑

公元前16世纪中期

在 1874 年的一次尝试之后，施利曼于 1876 年 8 月重新进行在弥凯奈的挖掘。几个星期之后，他就发现了数量众多的王家墓地，其中就有分布在 A 号地区的壕堑中的这些墓，它们被包围在大约 8 世纪时的弥凯奈的城墙之内。这些不同寻常的发现在同年 11 月以一份电报被通报给了国王乔治一世："我带着极端的喜悦向陛下宣布，我找到了那些由保萨尼亚斯所复述的传说中被认定是阿加门农、卡桑德拉、欧律梅东，和他们那些在用餐时被克利泰默涅斯特拉及她的情人埃基斯托斯杀害的同伴的坟墓。"除了被施利曼考查的五座坟墓之外，还有由他的合作者斯塔马塔基斯在 1877 年发现的一座坟墓。虽然与荷马英雄们联系被证明是不可靠的——因为这些坟墓属于一些生活在比荷马英雄更早几个世纪的王国，但施利曼的发现却开启了弥凯奈挖掘和弥凯奈考古的一个不同寻常的时期。墓地最终被发现一共容纳了十九座坟墓，它们被细分在从 I 号到 VI 号的

六个墓坑中，共容有九个男人、八个女人和两个儿童。1951 年，在所谓的克利泰默涅斯特拉的坟墓附近，第二处王家墓葬圈地被发现，它被称为 B 号王家地区，容纳着二十四座坟墓。这些碑是被树立在墓地的各个坟墓之上的。那些被装饰着狩猎和战车场面的碑似乎是属于男人的，那些光秃的碑则也许是属于女性的。图中的这块由德国考古学家施利曼发现的碑被分为三个部分：上部和下部被装饰以螺旋线，也许是永恒性的象征；中间的那部分可能表现的是为死者而举行的一次在战车上比赛的故事，这种比赛在希腊最早的一部史诗《伊利亚特》中被清楚地记录过。那个基本的有效的标志，也许是当地工匠的表达手段。

浮雕金器
高 20.5 cm
来自弥凯奈的 A 号王家区域 IV 号墓穴中的坟墓，清单编号 624

阿伽门农的面具

公元前16世纪中期

在 1876 年，施利曼挖掘了 A 号王家地区的墓坑中的六座坟墓中的五座，发现了一个非凡系列的金器，足有十四千克重。他也将这个发现通过那封著名的电报向乔治一世作了通报："在这些坟墓里，我找到了一笔巨大的财富：纯金的古代物品。这些财富可以装满一个巨大的博物馆，它将会是世界上最美的博物馆，并且在未来的那些世纪里，将把千千万万的外国人吸引到希腊来。"除了这些罕见的金器，他还挖掘出了象牙和陶瓷制品，并且这些工艺品也都具有同样的精彩和重要意义。被直接安放在坟墓底部的某些已故者的面部被一个金面具盖着，它有着原始的和惊人的牢固性，属典型的弥凯奈式样，而在其身体上，施利曼则发现一些被丰富地装饰着金片制的玫瑰花形饰的纺织物及身体周围别样的闪光的物品。其中的一些出土文物属于当地制造，而另一些则为进口。在这处墓地被圈进这个城堡的新城墙之后，有着众多墓碑的墓地区域被建立，这个墓地也因此变成了一个崇拜对象。出土文物的重要意义与美丽，和当时的人们对墓地的崇拜，显示出一个王朝是如何替代先前的原始寡头统治的。这个原始寡头统治被另一个墓地区域记录，那里更为古老，但不够丰富，这就是 B 号区域。这个处于谨慎保存状态的面具是从后部以浮雕方式制作的。对于死者面部特征的精确复制方法，也许是工匠们通过先将极薄的金片贴在死者的脸上，然后进行塑造而获得的。

以木棍的快速击打而表现出来的人物的髭须、大胡子和眉毛，提升了面具表面的光滑，从而给予"画像"一种庄重威严的表情。

短剑的刀片

公元前16世纪中期

带有金银装饰的青铜

长 24 cm

来自弥凯奈 A 号王家区域的四号墓坑中的坟墓，清单编号 394

弥凯奈卫城——阿特柔斯家族的被设了防的王宫，屹立在一处被巨大的城墙环绕的高地上。这处高地，被那些如同威严的卫士一般立在大门前的最著名的石狮子保卫着，被公共墓地里众多在人们心中堪为神和英雄的巨大坟墓围绕着。发生在城墙之间的那些悲剧性事件早在数千年前就已转变成了神话，被施利曼发现的那些财宝记录了一种“野蛮的”富有。弥凯奈在它的繁荣时期所发挥的作用是那样的重要，以至于整个时代都被标记上它的名字。关于来自弥凯奈王家墓地的发现物的展示所激发起的巨大群众影响，施利曼写道：“从我做了这样一些发现时开始，雅典的旅馆数量增长了十倍。”在墓地里发现的金片面具和武器证明了当时的希腊是一个富有而强大的社会，在这个社会里，在荷马诗中被歌唱的军事要素和尚武精神，受到极大的重视。

在这里展示的短剑的刀片是一件也许属于克里特制作的杰出的金银细工制品，正如其非凡的熟练技术、智慧地仿效出新颖的自然主义、敏捷的动力、8 字形的徽章样式和特别是在极小的空间里“装大人物”的能力所展示的——四个仍然可以看得见的金铆钉将它固定在木制的柄上；在刀片的一面上表现的是对一头狮子的狩猎，狮子正猛咬一头看似是羚羊的动物，而其他的动物在逃跑；在另一面，四个猎手正努力进行着一场与几头狮子戏剧式的战斗。

不知名的金银工匠给三头猛兽赋予不同的姿态：当一头狮子凶猛地攻击猎手时，另一头处于一种威胁的姿势，而第三头则身体贴着地面处于逃跑之中

四颗金铆钉曾经将刀片固定在已经被时间消耗尽的木制刀柄上

猎手们的活力被异常准确地表现出来

公牛头形的角杯

公元前16世纪中期以前

银和金

来自弥凯奈 A 号王家区域的四号墓坑中的坟墓

清单编号 384

第四号墓坑归还了一批有着异常光辉和财富的墓葬品，它显示出属于弥凯奈君主兼战士——当时的那个尚武社会的主要人物们的奢侈豪华，一份与荷马所称的“黄金的”弥凯奈相称的财富。角杯是一种用于仪式上的杯子，其特征是不能被摆正，因为它没有“足”；另外在下方有开口，是为了迫使人不能中止奠酒，必须直至所装的液体罄尽。对于公牛的崇拜肯定与其体力有关系，这一崇拜在弥诺斯文化和弥凯奈文化的环境中被广泛地记录着。我们可以想想属于弥凯奈时代的极著名的克诺索斯壁画，它充分表现出“抚牛”的场面，即一些运动员正投身于和一头巨大公牛的危险训练；想想以威武的石角为最高点的宫殿的顶饰；想想众多的角，其中最著名的是伊拉克利翁博物馆中的那尊以块状滑石制成的角，它体现着一种令人难忘的生机；想想被画或被雕在餐具上的场面；想想家具的装饰；想想丧葬用品，如角上挂着金盘的坐着的小金牛（公元前 14 世纪，清单编号 2947）。更不要忘记希腊神话中有关半人半牛怪弥诺陶洛斯的传说。这尊牛头角杯的双角，额上的小花和口鼻部都是很薄的金片，这一选择似乎可以与以金片装饰用作牺牲的牛的身躯并给它们的角上涂金的弥凯奈的习惯产生联系。这件弥凯奈作品准确的立体性也许可以归功于一位克里特工匠。

浮雕加工的金制品
高 20cm
来自弥凯奈 A 号王家区域的四号墓坑中的坟墓
公元前 16 世纪中期，清单编号 273

狮子头形的角杯

公元前16世纪中期

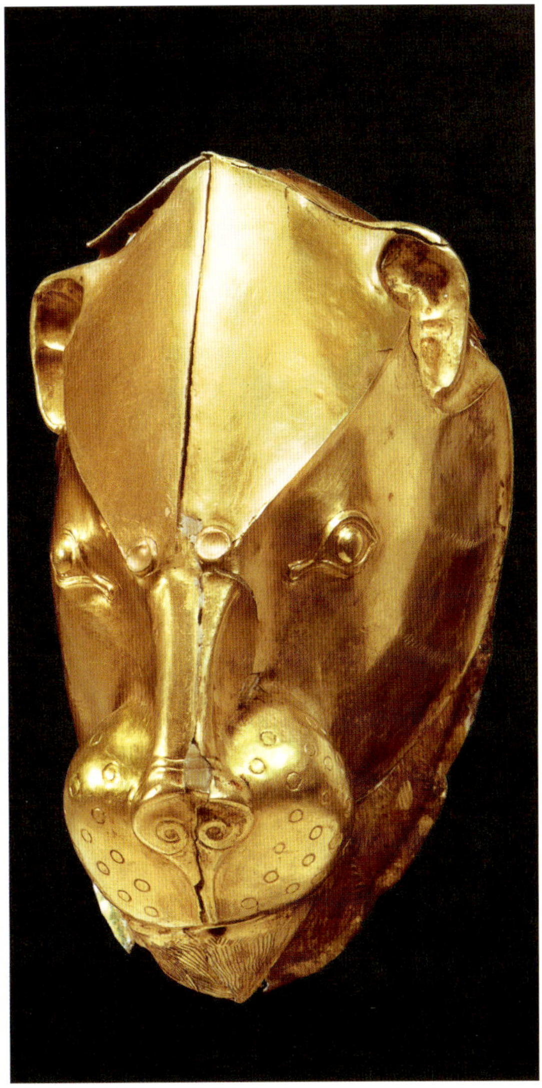

与那些非凡的短刀一样，角杯是一个王权社会的象征性物品，这个社会与狩猎和战争的贵族精神紧密联系，有时能够爆发为王族无节制的狂醉表现，这种狂醉表现在一千多年后，更被马其顿的亚历山大国王对于酒宴的毫无节制的热情而带来的悲剧性后果证明。这尊狮子头是用一片有着显著厚度的金片加工而成的，其总体的结构通过浮雕技术从内部加以表现，而各个特殊部位则是被雕刻而成的。其开口是在颈背，出口在口鼻部，在嘴唇的正下方。作品被现实化地表现为一种具有坚实而综合的立体感，它通过不多的几条有着巨大的实用性和优雅的线条，形成完美的几乎是抽象的对称，尽管它体现着蛮族情趣的某种“粗糙性”。在艺术创造和具有声望的手工艺领域展开特有竞赛的专业人员的才华，被一些从王家坟墓中复原的、用材加工之美的珍贵发现物的品质所证实。尽管就风格而言这尊角杯可以涉及克里特的环境，但对于一个完整形式控制的缺乏，则使得人们将它归于一个受到克里特榜样启发的当地工匠。

杯

约公元前1500年

以浮雕法加工的金器

高 8cm

来自斯巴达附近的瓦菲奥的一座圆拱式坟墓，清单编号 1578 和 1579

两只杯子属于一座肯定与一些君主有关的圆拱式坟墓的富丽随葬品。几乎相同的大小和同一种风格，使人想到它们出自于同一个作坊，并且从一开始就构成一对。在两件物品中，场景似乎以背景和行动的对位法互补和对应。在一只杯子上，艺术家们用直接的手法表现出了猎手对于野牛和其他狂暴动物的抓获，其中一头野牛将一个猎手踩在脚下，并且用角顶另一个猎手。在第二只杯子上，公牛们平静了下来，也许是猎手们使用一头母牛作为诱饵后，它们就都被抓获了：一头牛被一个人用一根绳子牵着，另一头则在一片田园风景中安静地吃草。

浮雕工作有着极高的技术和美学质量，能展现出克里特艺术语言的特有的个性特征：表达强度、达到极点的生命力、每个单独动作的真实性、形象姿态的大胆勇敢、轮廓的明确简洁、戏剧性的综合、对动作的精彩还原和带着热情的现实主义以及对被探索的大自然的田园宁静的广阔再现。在这两种情况下，这两只杯子都证明了克里特文化在希腊大陆的弥凯奈要塞中的重要意义。

武士头像

公元前13世纪

牙制品

高 5cm

来自弥凯奈的一座拱顶式坟墓，清单编号 2468

牙在整个古代世界里都是一种极受人们欣赏的材料，在那里，它被大量使用以制作有着高昂价值的艺术品——请想想古典时期的雕刻家菲狄亚斯的黄金与象牙雕像——作为个人的梳妆用品或作为豪华家具的组成部分。在弥凯奈人这里，它被用来制作极受那个时代的富裕阶层所需要的有着精细画性质的精致物品，作为例证的就是考古学家们在各个坟墓中发现的有着杰出制作工艺的各种武士头像。被复制的这件物品展示的是一个以野猪的牙制成的带有护颊的头盔，基于伊拉克利翁博物馆的那件样品和当前在纳乌普利亚博物馆中完成的那套杰出的盔甲，此件物品在考古学上为人们所知。雕像面部的形状和神态被由不同材料制成的瞳仁加以提升。在头部的顶端也许原来有一个羽饰。要想理解这件手工艺品的价值，最好的证明就是古希腊盲人诗人荷马的话："梅利奥给予奥德修斯弓、箭袋和剑，并将一顶由铜制成的盔围着他的头给他戴上；在内部，它被许多皮带用力绷紧；在外部，被以技巧装上的野猪的白牙从一侧跑向另一侧；而毛毯则在当中经过。在希腊神话中，在埃莱奥城的奥托吕科斯，冲进奥尔梅诺的儿子阿敏托尔的家，将它抢走，然后将它送给斯康德亚，送给齐特拉城的昂菲达芒特；昂菲达芒特后来将它送给了招待他的摩罗，而摩罗则将它交给自己的儿子梅里奥使用；最后，它被用来盖在伊塔克岛之王奥德修斯的头上。"(《伊利亚特》,第十歌,第260至第271行)

金制品
几乎每个都是 2cm 或 3cm 长
来自人们所称的弥凯奈卫城财宝，清单编号 922，清单编号 241（下一页）

戒指印章

公元前15世纪

金戒指被用作国王的印章，其画面主要再现的是宗教场面。戒指上嵌宝石的地方一般非常小。这类物品除了戴在手指上，还常常挂在颈上。这种珍贵的手工艺品由于被表现的对象特殊而曾被称为“弥诺斯的众神殿”，它包含了一些对于认识弥诺斯 - 弥凯奈宗教而言极珍贵的因素。在一棵似乎代表一根神木的树下坐着的女性形象，被解释为一位神。她身穿弥诺斯女性服装典型的宽而厚的带饰边的裙子，胸部裸露，丰满的乳房被正面地表现。她手拿三朵花，也许是罂粟的花。在她身后和树的后面，有一个小的女性形象，正在向那棵树伸出双臂，或从树上摘取一枚果实。在女神的面前有三个女性形象，其中一个个头儿小，身后跟着两个较高的人，三人以相同的方式穿衣，并且似乎正在向女神致敬。第一个和第三个女人献上了花，而在中间的那个女人看上去刚刚将花交给了女神。在这个队伍的后面，有六个动物的颅骨，它们也许暗示着对于被献祭的动物之头骨的礼仪性保留。在那些较大的形象的头之间，出现一个持长枪而被一面 8 字形的裂痕分为两片的盾保卫着的人物形象。在高处，在一条表示天空的波浪线之外，能够看见太阳和月亮。就在太阳和月亮之下，在正中央，出现了一把双斧，这是弥诺斯宗教的象征物。后面两页中的戒指印章则再现了一场四个男人之间的战斗场面。在这类型的物品中，弥诺斯对于微小画的审美力和在极小空间集中表现广阔内容题材的能力，都达到极高水平。

被称为“武士之壶”的双耳罐

公元前13世纪

彩陶
高 41 cm
罐口直径 48.5 cm
被施利曼在弥凯奈卫城之上的一座房屋中发现
清单编号 1426

弥凯奈时代的那些最大的政治和经济中心——阿尔戈斯、皮罗斯、提林斯，都是由筑有城墙的强大城邦构成，在城墙的内部有王宫。这是一个对骄傲的武士社会的完美表达的画面。这个巨大的双耳形把手的罐子无疑就是来自这个时代的最著名的陶罐。以一种可以说是更为朴素的绘画语言为特点的描绘，再现了一队似乎正为一件军事行动而出发的带着武器的人。绘画创作的简单性和重复性，被那个处在主“面”的左边的女人的动作所弥补，这女人正做着向已经出发上路的武士们致敬的动作。军事装备的标志极为精确，这是弥凯奈人对于战争这个职业比较重视的一个珍贵的迹象。在罐子的一面上，武士们所戴的头盔上被冠以长角，并在最高处被配上尾巴；在另一面可以看出，头盔明显是皮制的并且竖着毛。一件以暗色调表现的护胸甲遮盖住有流苏饰边的长袍。士兵的大腿赤裸着，踝部被护腿甲保护着，鞋子是以交叉的皮带做成的。每个武士都左手持一面赭石色的盾，右手持长枪，枪上挂一包，估计是用来装个人的物品。画面中缺少任何的环境形式，人物形象被多次重复而没有明显的变化。在弥凯奈的器皿中，人的形象的表现可以说是非常罕见的，并且主要存在于属于晚期的一些例证之中。色阶被限制在泥土的自然颜色和两种赭石色调之间。

两位女人与婴儿的组像

公元前13世纪初

牙雕

高约 7.5cm

来自弥凯奈的卫城，清单编号 7711

牙是一种可以用于在极小尺寸的作品中再现有着极端精确度的细节的材料。由于这一原因，它在弥凯奈环境中特别受人们的喜爱，在那里，工艺家们具有将错综复杂的场景集中在有限空间里的能力，并已经在印章加工领域取得杰出成就，印章被视为当时最有意义的艺术表达领域之一。在这里被再现的这个小的雕刻群像，仅仅在尺寸上是微小的，它与同时代的那些以自己的名字命名了的弥凯奈城堡的狮子门的庞大形象并列，无疑是弥凯奈雕刻的最著名作品。作品表现的是两个坐着的互相拥抱着的女人，靠在左边女人的大腿上的一个男孩正在走向右边的女人。弥诺斯和弥凯奈环境中的对于华丽衣物和首饰的复制有着极度的准确性：有褶边的宽而珍贵的长裙，突出巨大胸部的轻薄的衬衣和沉重的项链，都在尽管是极有限的尺寸中被细致地探究和表现。两个女人拥抱和手臂交叉的动作，和被沉重的长裙遮盖的相互交替的节奏，表现出一种复杂而又显著发达的，注意体积和光的颤动的艺术语言。研究者们一致认为，这件并非偶然地被称为“圣三位一体”的组像，有一个宗教的特性。根据假设，它更可能代表的是大地之母德默特尔，它与被哈得斯抢到地狱中的女儿佩尔赛福涅，以及雅科——德默特尔崇拜仪式埃列乌西纳节庆三人组的第三位神，从埃列乌西纳秘仪开始，引导着游行的队伍。因此这个场景也许与大自然的丰产与人们的崇拜有着关系。除了被赋予的宗教意义，作品还因复杂而雄壮的艺术语言而令人震惊，这种语言在轮廓与质量的节奏方面富于韵律感，在面部和体积方面具有三维性。另外，其他材料的嵌入物的存在，又给作品整体增添了一种色彩音符。

彩陶
高 155cm
出自雅典双门镇的陶瓷区的墓地，清单编号 804

几何时期的阿提卡油罐

约公元前770年

这个巨大的油罐发掘于雅典的陶瓷区墓地中，是一位妇人的坟墓的显著标志，人们却一直没有认为它有任何实用的功能。在那些保存到今天的较大的容器中，这件惊人的油罐从一开始就被认为是在葬礼哀悼场面上被置于中心位置的一个标志性物品，是在人物人生中的一个戏剧性的插入物，标志着与刚刚过去的那些年的宗教非偶像性的喧闹断绝。这件物品可被视为令人悲痛的死亡的再现，人生的这个至高时刻被以为是唯一能够并且应当思考各种事物之意义的时刻。这种意识并不触及处于持续而无意识更新之中的动物和植物世界，油罐上那些无始无终地在主要的场景中平行展开的回形纹和动物队伍，也许能够被解读为这个意义。与人生的悲剧与动物的自然生命力相对，装饰涡形花纹的无穷展开，给整体增添了一种受到器物表面的装饰体系控制的令人震撼的动力。形式与装饰相互之间联结在一起，同时在不可分解的统一性之中互相突出强调。回纹饰、三角形和菱形的各条饰带，以及代表着动物和有着死者哀哭的中心场景的那些饰带，被一种可与一部伟大的建筑或音乐作品相媲美的严格性清晰地表现出来，在这里，每一个部分都承担一个确切的职能。在受到形式的控制与安排的生命活动方面，作品表现出与同时代的《伊利亚特》所写的器皿结构的令人惊讶的相似构造。以全新的方式表达出来的秩序和美，就是在这个几何时期的器物中浮现出价值，并且让人们深切体会希腊艺术的整个历程。

几何时期双柄大口酒坛

公元前8世纪中期

彩陶

高 123cm，器口直径 78cm

来自雅典的双门镇附近陶瓷区的墓地，清单编号 990

这个壮观的酒坛是被作为墓葬的标志物而被构思制作和使用的，它来自前面提到的油罐的同一处墓地——陶瓷区，它比前面的油罐较为晚些。似乎一种提升一切有关人类命运事物的紧迫性逐渐地主宰了那个时代的陶瓷绘画者，他们在不多的时日里抛弃了纯抽象图画的密集几何学，并且越来越意识到自己是时代的无可怀疑的主人公。在史诗时代里，在荷马史诗《伊利亚特》的撰写与《奥德赛》的撰写之间经过的那些年里，似乎发生了一个相同的现象：前者（《伊利亚特》）被完美地包容在其形式的不可损坏的几何式严密性之中，后者（《奥德赛》）则安排不够精密，也许不够“抽象”完美，然而被一些新的跳动贯穿，并且在事件的安排组织方面更加自由。主要的装饰带被葬礼的队伍占据，下方的装饰带被一列车队完全占据，这也许是为了死者而进行的一次表演。车夫们全都带着非常有特点的两边呈半月形凹进的盾牌。和上一页的油罐一样，这件酒坛也是一件出自阿提卡作坊的杰作。

神殿偶像

公元前8世纪至公元前7世纪

陶器

高 28cm

来自阿尔戈斯，清单编号 15471

回纹饰和三角形的装饰不是复制一个真实建筑物的装饰，而是模仿器皿绘画的榜样

在阿尔戈斯附近，有阿尔戈斯人最大的国家圣所——无数朝圣者的目的地赫拉庙的废墟。这件小的神殿偶像就来自这个圣所。这是一件珍贵的记录，它与其他那些相似的物品一起，给最古老的希腊建筑学的认识提供了一个重要的贡献，否则，最古老的希腊建筑学只能是在挖掘过程中被发现，或以平面图的形式被人们所知。这件属于还愿物的小偶像为我们复原了一个有着四边形而不是加长式建造结构的平面图，它有唯一的开口——在一条短边上，开口之前为两根在墙壁上向外的延伸的圆柱。屋顶为双斜面的，在与后世神殿的三角墙对应的正面三角形中，呈现出一个宽阔的开口，这也许是为了保证阁楼的通风和采光，使阁楼以这种方式被利用起来。偶像上画的天花板延伸到被两根圆柱支撑的柱廊。这个小模型表现出与在克里特的德莱罗斯的阿波罗神殿的相似之处，大型神殿的弥凯奈原型已经完全不存在了。在长长的墙壁上开着一些三角形的小窗，与一些垂直的装饰带对应。屋顶被装饰着一些几何图案，即回纹饰、三角形纹饰和Z形纹饰。这些纹饰不仅仅是复制了实际存在于建筑物之上的装饰，也许更是受到同时代的陶瓷绘画的影响。

象牙
高 24cm
来自雅典陶瓷区的一处墓地，清单编号 776

女神小雕像

公元前8世纪末

这件难以确定创作时期的小雕像，于 1891 年与一些几何时期的器皿一起被发现，它也许表现的是古老的木偶像的一个演变，保存了木偶像简要的尖刻性。这件女神小雕像几乎是全裸的，戴着一顶圆柱体的帽子，上面装饰有浮雕的回纹饰，这被解释为神的标志。女神小雕像睁着大大的眼睛，直视着前方，睫毛和眉毛都被明显地标示出来，嘴唇肥厚，两耳大而明显，时尚的发型垂到肩上，并带有一种与当中的辫子对应的对角线梳理式样。女雕像的外部轮廓简洁明了，表达出包含在向心姿势之静态中的一种张力：双腿不动而平行，双手紧贴着大腿且手掌张开。这件作品，虽然是受到东方人物原型的启发，却记录了在创作的三维节奏上很敏感的无名希腊工匠对于人体雕刻的兴趣。这个小物品以诗的方式回答了几何语言对于有机联系的要求：线条的光洁、抽象、活力使人想到一个普遍的起源。“真正的”形式其实不可能是各种被感觉为个体的和服从偶然性法则的自然主义细节的简单总和。整个希腊艺术将要告诉人们的也存在于“宏伟”造型艺术的最早的示例之中：在一个不可回避的对应关系之中，没有合理的规则，就不可能存在美。几何时代的合理秩序之所以诞生，是为了满足人的要求，因为人意欲理解和组织物质（也就是世界），为的是能够通过一系列被表达为形式的合理秩序的基本原则而控制它。

基克拉泽斯群岛大酒坛

约公元前650年

彩陶

高 95 cm

来自基克拉泽斯群岛的米洛斯岛，清单编号 911

在几何时代,已经获得重要角色的人类形象，变得更加有意义。在公元前 8 世纪，它们被简要地以黑色定义在器物的表面，与其说是被再现，不如说是被回忆：根据这种绘画发明的时代的定义，就是所谓的皴影法绘画。画中没有任何对于体积之指示的三角形、线、圆，这些以尽可能最大的概略化所定义的解剖元素和侧影，指出了希腊艺术的重要主题之一：在一套有秩序的和自然的，逐渐独立于包围着它的一切（这在器皿中被抽象的饰带代表）的再现体系之内的对于人体的复制，正越来越趋向于主角。随着在公元前 8 世纪末和 7 世纪的最初十年之间，使整个地中海世界卷入其中的、被称为东方化的现象的到来，借助在各个殖民地之间建立的以及与腓尼基人的文化关系，一阵新颖性的艺术之狂风使僵硬和抽象的希腊形象解体。一种从未有过的对于优雅线条和富于细节的叙事的喜爱，与对于异国情趣的爱好联合起来，在人们的艺术观上得到确立：抽象的和僵硬几何性质的装饰带让位给了自然主义的花卉涡形装饰、玫瑰花装饰和曲线装饰；以形象表现的场景征服了越来越多的空间，僵硬的“影子”被细致描绘；画中人物那带有华丽装饰的服装被不同的涂色定义，也被在姿势和行动中可识别的形象代替。这件酒坛的中央是表现手中拿着竖琴的阿波罗，他驾着披有翼的马拉的车，面对着送给他一头鹿的阿尔忒弥斯。

女性雕像（也许是阿尔忒弥斯）

约公元前650年

纳索斯的大理石
连同底座在一起高 180cm
来自德罗斯岛的阿尔忒弥斯圣所，清单编号 1

古代的作家们讲述说，在公元前 8 世纪即将结束时，被从雅典流放到克里特的雕刻家代达罗斯在这个岛上雕刻了他的第一个人物形象。除去代达罗斯的历史存在的不可证明性，留下的事实是，在公元前 7 世纪的前半期里，在克里特，一个有着壮观特征的雕刻流派得到了发展，它将注定要扩散开来，并且深刻地影响希腊大陆的各个地区。传说中，与伊卡罗斯一同进行的飞行尝试的主人公的形象，被称为代达罗斯风格。在保存至今的那些最古老的希腊大理石雕像中，这件作品是极古老的，仍然留有那些木制雕像抽象的固定性，许多的特征肯定就是从木雕神像而来的。雕像的身体几乎是平的，给人一个僵直的正面视觉。它的腰间被一条腰带束紧的长裙紧紧地裹住略为显出身体的轮廓，其头发梳理样式受到埃及雕刻的启发，双臂顺着身侧下垂，双脚稍稍伸出衣服下部的饰边。一段刻在左边的牛转弯式铭文（这种铭文从左向右写，然后转行从右向左写，如牛耕田时转弯）写道："尼康德拉，纳索斯的迪诺迪科斯的女儿，德伊诺梅奈的姐妹及弗拉克索斯的妻子，将我敬献给那位爱将她的箭射向远处的女神。"这个雕刻作品因而应该是被尼康德拉献给阿尔忒弥斯的一个还原物（而不是如人们曾希望认为的是再现了尼康德拉本人的作品），它是在纳索斯被一位当地的雕刻家制作而成。

带有女性上身像的檐壁排档间饰（？ ）之残片

公元前630年至公元前620年

此残片也许属于一个多利亚柱式檐壁的排档间饰（而根据一些别的假设，它属于一个三角楣），另有四件属于同一个排档间饰的残片也被发现，这一件来自一座被装饰有雕刻的多利亚柱式神殿，这座神殿也许被敬献给雅典娜，于公元前7世纪建于弥凯奈卫城上的现已消失的王宫的那个区域。在这件作品中，表现的是一个晚期代达罗斯风格的女性形象。她的正面被一件长袍遮住了全身，她仿佛正要用左手使自己的头部露出来，这个动作显示出赫拉在与宙斯结婚的场面中的谦逊。但完全不能肯定地说这就是那位女神。两行非常简略的发卷垂落在她的额上，宽阔的发绺垂下围住她的脸部，发绺又按照代达罗斯风格，被细分为许多行水平的发髻。人物面部的特征——凸起明显的鼻子、富有表现力的眼睛和意欲强调“古典式微笑”的肥厚的嘴唇，都有着显著的强度和大方的特点。雕象所传达的那种新的壮观性质，似乎可以被归因于埃及艺术的影响，尤其希腊人在尼罗河三角洲建立了海上霸权之后，这种影响便发挥着重要的作用。被作品之大小和被伟大的埃及造型艺术的语言激发起的印象应该是巨大的，并且有利于一种更加错综复杂的语言在最为僵硬的代达罗斯安排布置上的发展，特别是在大理石这种有利于更大的复杂结构和更多细节材料的雕像中。可被列入那个时代建筑造型艺术的最伟大成就之一的这件作品，也许是由一名哥林多工匠制作完成。

波罗斯的大理石，
高 39cm，
来自弥凯奈的卫城，
清单编号 2869

彩色的檐壁排档间饰

公元前620年至公元前610年

彩绘赤陶，来自埃托利亚的泰尔摩斯的阿波罗神殿，清单编号 13410

这个檐壁排档间饰属于一个七件组，这七件残片只是部分被保存下来，在泰尔摩斯的那座被敬献给古希腊神话中的月亮之神阿波罗的古典时期的神殿中被发现。这座神殿是一座由木柱支撑的结构，可上溯到公元前 620 年，它在古典时代取代了在埃托利亚联盟的圣地的一座几何时代的神殿。这座神殿在公元前 218 年和前 216 年曾被马其顿王国的腓力五世洗劫。檐壁排档间饰的重要性是与这样一个事实紧密联系在一起的，即它们实际上是构成古典时代建筑物绘画的唯一的证据，否则这种绘画几乎是完全不被人知晓的。制作者也许是些哥林多人，正如与同时期器皿绘画的众多近似性所证明的，器皿绘画则像是它的一个简化了的版本：背景是深黄的，人物形象的头发是黑色的，裸露的部分是白色的，衣服是红色的，细节是黑色的，在这里表现了与赫拉克勒斯、奥利翁和帕尔修斯的与历史有关的事迹。保存情况（特别是在颜色方面）最好的那些檐壁排档间饰之一，是艾东姐妹（夜莺，以普罗克奈之名为人所知）在左，凯利东（燕子，菲罗梅拉）在右的那部分。神话中讲述说，雅典王庞迪奥奈的女儿，菲罗梅拉的妹妹普罗克奈，杀死自己的儿子伊提斯，将他做成饼，端给她意欲惩罚的丈夫特柔斯。特柔斯发觉这一罪行后，企图杀死姐妹二人，但是众神将他变成了戴胜鸟，将普罗克奈变成了夜莺，将菲罗梅拉变成了燕子。

凯利东的形象可借助从左向右写的文本被识别出来

两位弯腰站着的女人（下部已经遗失）正对着躺在一张桌上的伊提斯的尸体悲伤

场景是由深色背景上的八瓣白色小花构成的垂直装饰元素分隔的

阿提卡双耳细颈酒罐

约公元前610年的“涅索斯的画家”

彩陶

高 122 cm

来自雅典陶瓷区的一处墓地，清单编号 1002

在公元前 7 世纪中期之后，主要是在罗得岛和哥林多区域，工艺家们将东方动物画延伸到器皿的整个表面，只留下足部和颈部，同时完全放弃几何学元素。在几何时代，有一个哥林多画家以熟练的技艺发展了新的画技，并且完善了侧影的技术，借助使下方的浅色陶土显露出来的刻痕，用以还原那些解剖的和衣物的细节，并且使用红色和白色以突出某些元素。一种普遍简化的装饰反而保存了秩序和节奏的意义，而被轮廓的粗糙线条和纹章类型构图（即成双成对的相互面对着的形象）突出的鲜明色调，则给予这个意义一种富于幻想的优美特点。在希腊中东部的阿提卡，东方的影响也在陶瓷的装饰方面起到了特别明显的作用，在这里，与希腊的笔法一样常见的东方笔法，被用于展现线条的优美节奏和表现有着高度现实主义的形象。人物形象仍然被表现为正面的或是侧面的，但是细节的精密程度增加了，解剖局部也被更加自然主义的重点加以限定。与华丽的曲线装饰相适应的，在几何时代里完全没有过的花卉图案，是新的“具有黑色形象的东方化风格”的另一个特征性要素。最早具有这种风格的阿提卡展示者带有一种独特的艺术个性，他活动于前 7 世纪的最后两个十年里，他的绰号是“涅索斯的画家”。他的杰作是这个壮观的酒罐，是“原阿提卡”风格的华丽例证。

梨形罐的残片

索菲罗斯，公元前6世纪末

彩陶
来自法尔萨罗斯，帖萨利亚
清单编号 14599

希腊人视巨大的绘画为他们最有意义的艺术表达，几乎完全消失的这类绘画使得器皿绘画有着特别重要性的意义。这并不排除，特别是在公元前6世纪和5世纪之间的阿提卡环境中，那些艺术家可以被视为真正的陶瓷画家。他们的作品反映了关于大型绘画艺术的争论，这种争论集中于人们试图借以暗示的线条的敏感性，让画作集中于轮廓感，集中于构图的和谐和其颜色的价值。当绘画借助于透视法而定义为三维时，本质上来说是二维的并且不利于表现颜色变化的陶瓷绘画，不可救药地衰落了。古典时期的陶瓷可以分为两个组：西方的组，其特点是以一种生硬的刻画强调图画的细节，也就是构图的骨架，使得构图因此被内部支撑；东方的组，采用一条缺少雕刻的让能量与动力成为可能性的轮廓线。索菲罗斯出名于约公元前7世纪末，他是第一个在自己的作品上签名的雅典画家。他画的许多场景，即使是用一种哥林多陶瓷的微小画风格所描绘，也都有一种史诗般的宏大，证明着荷马诗的影响。这正是带有铭文“索菲罗斯将我画上了为帕特罗克罗斯举行的竞技”的这个残片的情况，这句铭文极生动地概述了《伊利亚特》第二十三卷第二百五十九行以后的那个著名的故事：拉着双轮战车的四匹马正在全速奔跑着，同时看台上的观众在兴奋地做着手势。

帕罗斯的大理石
高 44cm
来自雅典陶瓷区的墓地，清单编号 2651

男孩头像

公元前7世纪末

这尊男孩的头部雕像表现了一个青年时期的男性形象：人物处于僵直的正面的姿势，赤裸着，通常双臂沿着身侧伸直，双手握成拳——以留出多余的大理石填补空缺处，左腿庄重地迈向前方。基本的方案明显来自埃及雕塑，尤其是埃及人征服亚述（公元前 672 年）为自己打开新的商业机会之后，他们的雕塑变得可被希腊人接触到。随后，法老普萨梅提科同意在尼罗河岸建立加利亚人和伊奥尼亚人的定居点。这类男雕像的物理形态的结构相当近似于埃及雕像的结构：宽阔的肩，束紧的腰，瘦长的侧身。在埃及雕像中，至少在那种有着庆典特征的宏大雕像中，运动并没有使人物形象从背景平面中解放出来，它仍被一根在背后支撑着他的壁柱固定在背景平面中，并且还被盖上一块遮腰布。这两个特点在希腊的雕像中都不存在，这证明其存在着另一种对于艺术的感受，它赋予艺术一种不同的作用。在埃及，人并不拥有一个对于包围着他的世界而言是独立的身份，他没有达到对于自己的完全认知；希腊的男偶雕像则是摆脱了任何依靠，并且他们的赤裸象征着自己对于在世界上的角色有着完全而有意识的接受。

这个头像属于一个超过两米高的站立的赤裸青年的巨大雕像。它表现了古典造型艺术里那些线与面的完美结合，它虽属于抽象的范围，却因一种非凡张力的存在而跳动着——曾被太阳的光修饰过的最高的成就之一。

男孩像

约公元前600年

纳索斯的大理石

高 305cm

来自苏尼奥海角，阿提卡，清单编号 2720

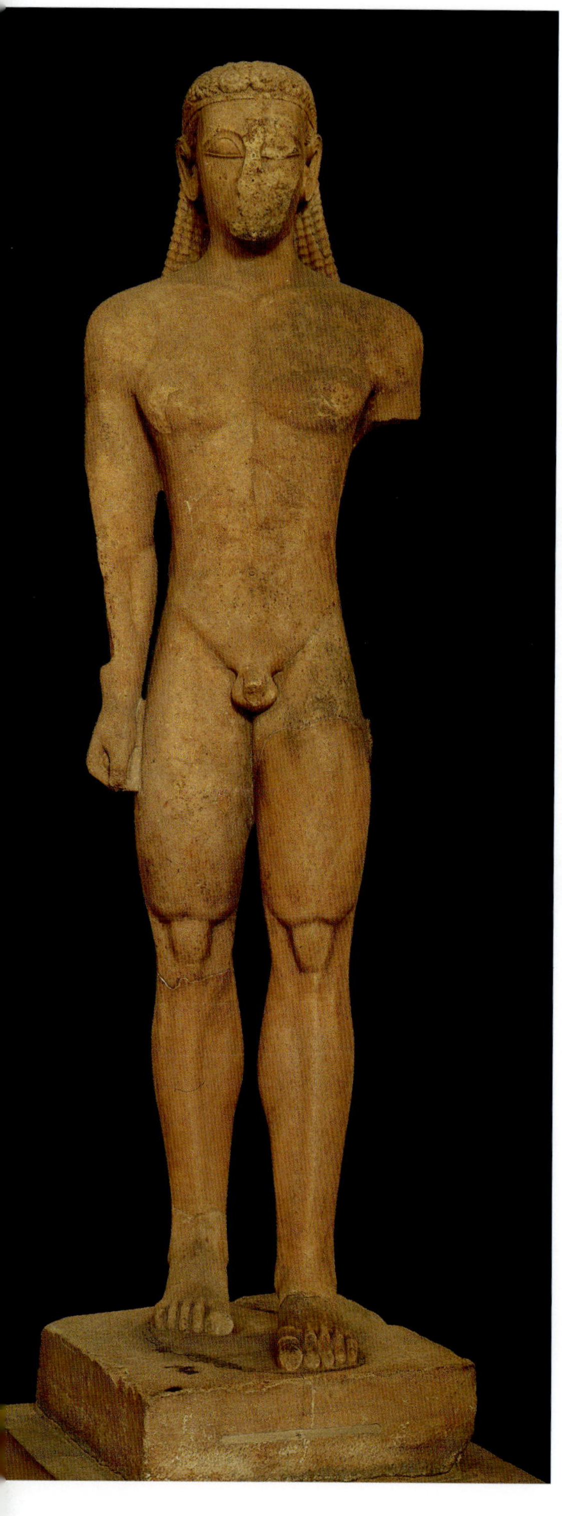

位于苏尼奥海角的波赛冬神殿现在仍然存在，并处在它的古典时期版本之中。在阿提卡最南的这个海角的最高处，海角构成阿提卡最远的延伸部分，面对着被这位有力的神统治着的大海。这件男性雕像和属于别的雕像的一个上半身及一些残片于 1906 年被发现于神殿前面一块平地上的一口井中，在这口井中，埋藏着被波斯人于公元前 480 年发动的洗劫中所破坏的作品。它的左臂已经缺失，左腿与右腿在膝盖以下是由石膏修复的。自由地向着神殿迈步的巨大人物形象，被认为是一个独立的形式，它能够借助运动而获得空间，或是借助自己的运动而建立自己的空间，它摆脱了任何辅助因素。与埃及雕像相比，男雕像完成了“向前的一步”——那是重要的一步。这个强有力的形象仍然与雕刻家所取出的那块四角形大石块紧密结合在一起：头部实际是立方体的，面部的轮廓、眼睛、鼻子、嘴和耳朵以及胸部、背部和腿，通过连续的正面观看，被认为不是真正意义上的“三维的”，并使雕刻在空间上有一个真正的转动。肌肉和双肩是对称的，并且表现出由腿实现的动作——那时尚没有一个关于行动之后果的思考。它的顺应时尚的被梳理过的头发，被编成众多的辫子优雅地落到肩上。虽然雕刻家所表达的意念中有某些不成熟，但是这件男雕像表现出一种已经骄傲地开始走向将要通向远方道路的艺术信念。

斯芬克斯雕像

公元前570年至公元前550年

潘泰利科大理石

高 69cm

来自斯帕塔，阿提卡，清单编号 28

女性的头被插在幻想动物的身体上，古典微笑的“神秘性”与这个作品尤为相称

随着公元前6世纪的到来，神话动物形象——特别是在东方化图库中非常流行的斯芬克斯和格利丰，出现于赤陶、小尺寸的青铜器和绘画中之后，以宏大的希腊造型艺术与人类形象结合到了一起。就像男雕像与女雕像一样，这些雕塑也可被视为装饰：超自然物的和神的、献供者的、已故者的画像，符号和象征，在圣所、神殿和墓地出现的人类的和虚幻的创造物。由女人的面部和带翅膀的母狮（或母狗）的身体构成的混杂形象斯芬克斯，其形象先是在弥诺斯和弥凯奈的环境中，然后她在希腊化的环境中有一个长久的传统，特别是她出现在极著名的俄狄浦斯的神话中。斯芬克斯其实是被赫拉派遣来惩罚底比斯城的，底比斯的君王拉依俄斯爱上了佩罗普斯的儿子克利西波斯，从而开创了反自然的爱情。在通向城市的山谷口定居后，这个怪物向行旅者提出一些不可能解答的难题，从而杀死他们。当俄狄浦斯解开难题后，斯芬克斯跳进了深渊。图示的这个斯芬克斯事实上是被放置在一座墓牌顶上的，其身体用柔软的弹性加以表现，双翼按时尚的风格加以雕刻，面部是正面的，被僵直的发辫框住，并且露出“古典的微笑”，这种方法不仅表现力强，也有利于赋予图像更深刻的意义。帽子上带有彩绘的玫瑰花饰的痕迹，这意味着在其他的部位也可能有涂色。

潘泰利科大理石
35 与 44 cm
来自陶瓷区的墓地，雅典，清单编号 38

墓碑的残片

朗潘骑士的大师，约公元前550年

残片于 1870 年在雅典双门镇的大门附近的陶瓷区的墓地里——刚出城墙的地方被发现。大约在公元前 6 世纪的中期，阿提卡的墓地建筑反映出皮西斯特拉托斯僭主执政时期贵族阶级的富有、骄傲和自信。在这个时期，贵族阶级尽管牢固地掌握着政权，但人们已经看见他们的绝对霸权正受到新兴阶层提供给僭主支持的损害。这座建筑的结构与前一个时期的建筑结构是相同的：一块高而窄的墓碑被放置在一个长方形的底座上，并被冠以一个埃及式柱头，最上方为一斯芬克斯（属前页所示的来自斯帕塔的斯芬克斯同种类）。新颖之处仅在于形式的设计更加讲究，如这个类型中最完整的范本——被保存于纽约大都会博物馆中的藏品展示的，或如雅典的藏品（清单编号 2687）所展示的，只是后者缺失了碑冠部分，但在下部有一个奔跑中的戈尔工。这块碑石再现了一个经典的朝向右方的侧面姿势的年轻运动员，存留到今天的只有缺少了上部的头部。他们用左手握住的铁饼似光环将头部完美地围住，并有着非凡的效果。圆形图案与雕刻者的柔和明亮风格完全相称，关注光的层次并且达到对梳成马尾的头发样式的非常显著的直觉，这一切正是雕刻者对于韵律和圆周节奏的最新注释。人物面部达到如此的完美——微笑的侧面突显于背景之上。这件有着非凡品质的作品曾被认为属于雕刻了古典造型艺术的杰作之一——被保存于卫城博物馆的无比杰出的朗潘骑士像的那位大师的杰作。

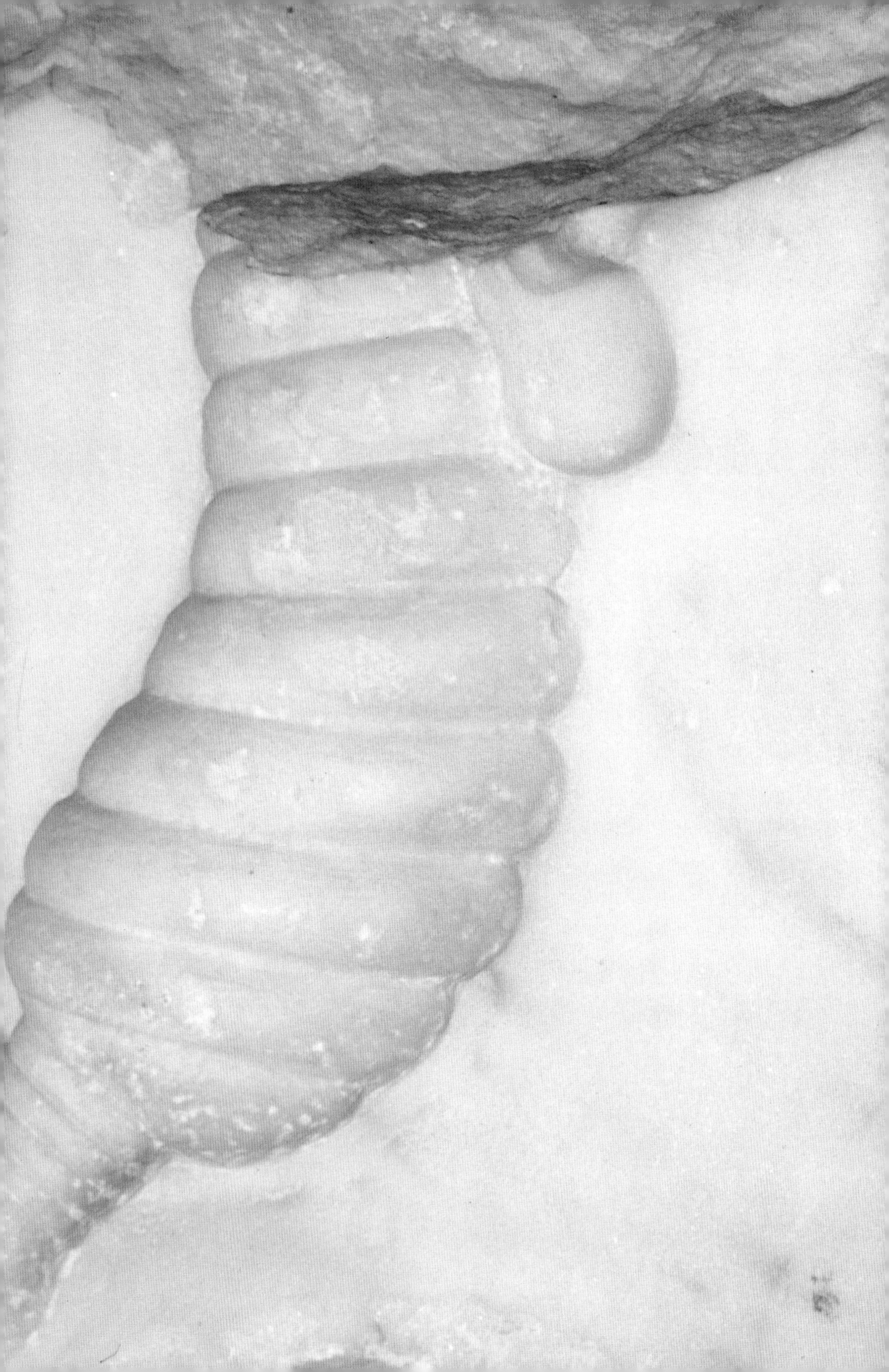

丧葬用男雕像

约公元前550年

纳索斯的大理石

高 214cm

来自基克拉泽斯群岛的弥罗岛，清单编号 1558

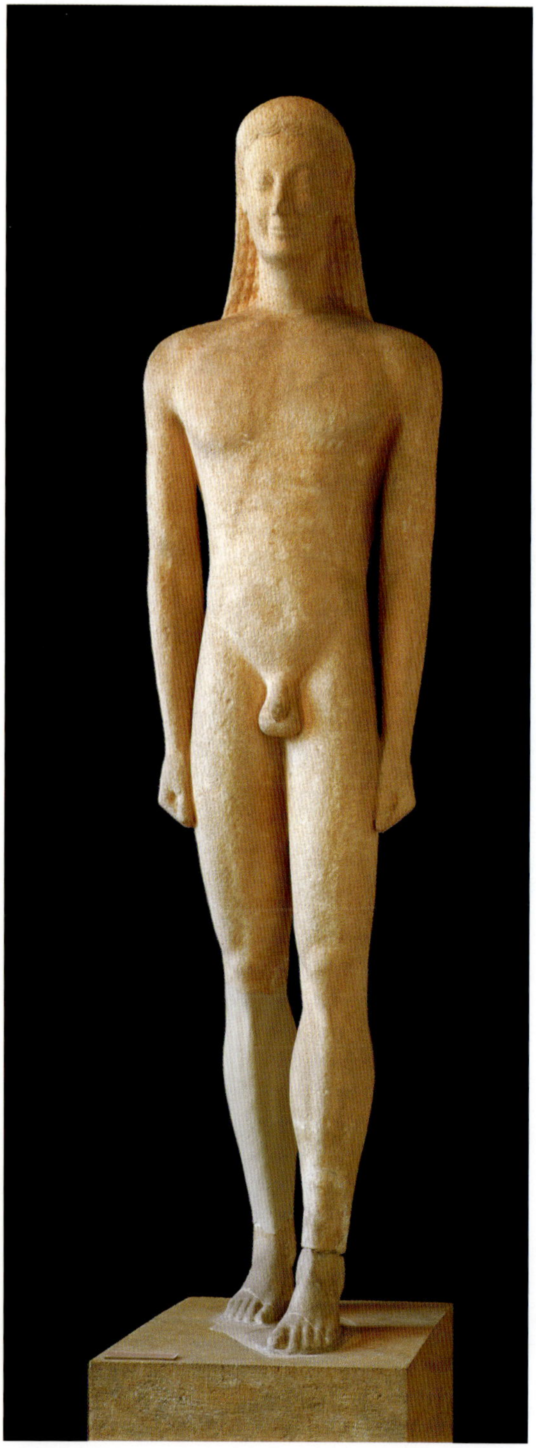

巨大的男雕像使一座坟墓显得尤为突出。这件作品于 1891 年连同其几乎完整的底座一起出土：左腿的膝盖以下至踝骨和右脚都是以石膏复制的。这尊男雕像为经典结构，而且与在苏尼奥海角发现的华丽样本的结构相似：来自埃及雕像的正面站姿，胸部结构的概略化和通过僵硬而反自然主义的沟槽而强调的解剖元素，非常突出的耻部三角区，对称的双膝，垂直的胫骨，处于同一水平的踝部，以整个脚掌带着伸长的脚趾，结实地贴着地面的双脚，平衡坚固的肌肉。人体的结构被解释为牢固而紧密的形式，其基本的构成部分被简化，决定着总的构造。与苏尼奥角的男性雕像相比，这件作品的身体显得很长，而且消瘦轻薄，使得光亮能够滑过并且在一些过于突出的结上凝滞，而肌肉结构相对而言也较少被突出，面部的外形本身也是较为不平的。轮廓线条是宽阔的，它有弹性并且优雅地延伸开来，从踝部到腋窝，没有遇到任何的中断。雕像整体就像一种显灵而不是一种具体实在的存在一样不确定，能够带着优雅轻易地活动起来。

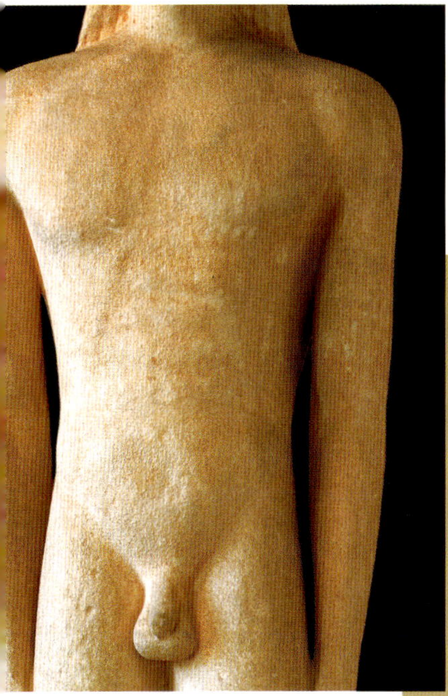

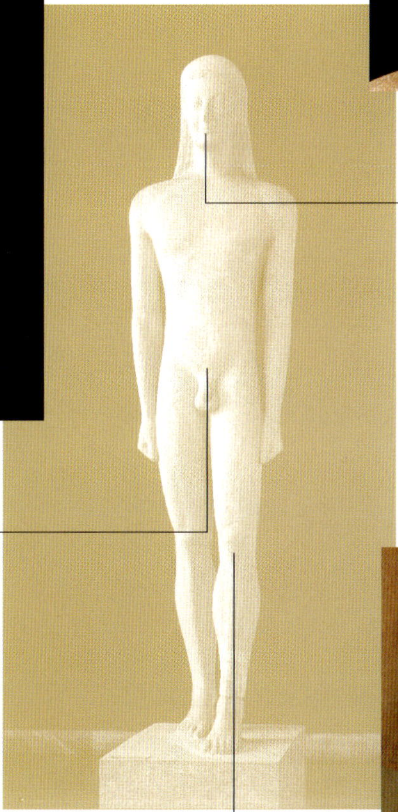

嘴唇是根据这样的人的微笑而塑造的，他自信地面对一个他感到自己能够主宰的命运

立体突出部分的缺乏使得光在作品中有一个主导的作用，借助时光的消耗，这件作品就像一种平静的幽灵一样迈着庄重的步伐

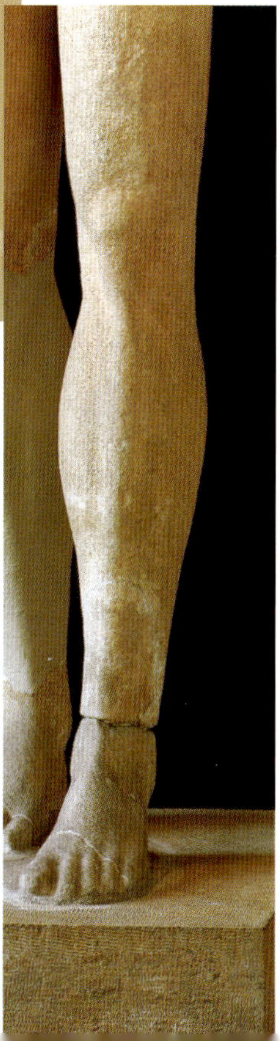

巨大的雕塑是以一些带着宁静的坚定伸展开来的线条的柔和动态为基础的

女性雕像

阿里斯提翁，公元前550年至公元前540年

帕罗斯岛白色大理石

连同底座和勒脚的高度为 179cm

在阿提卡的梅伦达被发现，清单编号 4889

经典的女性雕像的姿势是站姿，基本上静止不动，僵硬的正面几乎总是覆盖着被珍贵的珠宝装饰并被多种颜色修饰的衣服，有时候，这种色彩的痕迹会被保存下来。在风格方面，这类雕像从对同样的那些埃及或美索不达米亚典范的设计出发，希腊的雕刻家们以越来越大的生动性寻求细节的个性化和复制，逐渐地将本质上是线性的和二维的图案的协调，过渡到对于坚实的立体体积的协调。处于极好的保存状态的这件精美的雕塑，与第 4890 号男雕像一起在穆里努斯的墓地被发现。正如铭文上所述，这是一件用于丧葬的雕像：

“我标示着弗拉西克列亚的坟墓，

我将永远被称为处女，

众神指派给我这个定义而不是婚姻。”

少女身穿一件带有短袖的长裙，衣服在腰间被一条腰带束紧。这件长裙原本是红色的，被装饰有极多样的图案，这些图案被安排布置在一条饰带的周围，饰带从双脚而上行至颈部，给人物形象赋予动力。少女戴有一串项链，在头上有一顶带有花和荷花苞的冠，荷花是使人失去记忆的花。人物的面部固定地朝向自己的前方。少女左手中拿着一支荷花苞，花苞的位置被双乳的中心和垂直饰带的中轴位置提升到完美程度。线条轮廓的优雅与在腰间特别得到强调的立体部分和谐地融合在一起。这件作品上面还有签名——帕罗斯的阿里斯提翁制作。

以胶画法画的木板画
12×25cm
来自西基翁附近的皮特萨，清单编号 16464

木板画

公元前540年至公元前530年

木头无疑是使用最多的编撰书写文本的材料之一，但它的脆弱性，只能让人们在极少的情况下才能发现这种属于木头的证物。通常，木头上面预先用一种像石膏一样白的东西做底色，然后，在这个底色上作画时，不论是被写的文本还是被表现的图画，都能够表现出更好的效果。皮特萨在西基翁和哥林多之间的一个地方，也许对应着古代的凯吕多列亚。1934 年，在一个容纳有众多被献给希腊神话中的宁芙女神的还愿物的山洞里，人们发现了四件木头画板，这一件是其中保存得最好的。画板被用一层石膏涂过，在此石膏层上，刻着人物的轮廓线，随后被画上单调的颜色层。各个人物清晰地突显于浅色的背景之上，颜色的鲜明则减弱了构图的简单性。画的主题是一头羊的献祭：面对着祭坛的女人正从一只罐中倒出液体，同时用左手托着一只装有献祭之必需物的盘子；一个带着羊的男孩和两个拿着乐器的男孩紧跟着；然后是两个拿着树枝的妇人，所有的人头上都戴着爱神木的冠。以哥林多字母刻写的文字确切地写出了两个女性的名字：埃乌图狄凯、埃乌科利斯（上方左边）。这也许是那两个主要的，几乎确实可以被认作是订购人的女性人物；或者也许是向宁芙女神的献祭仪式的格式用语，因为很明显，这个山洞是献给宁芙女神的。

男性雕像

约公元前530年

帕罗斯岛白色大理石

高 194cm

来自阿提卡的阿纳维索斯，清单编号 3851

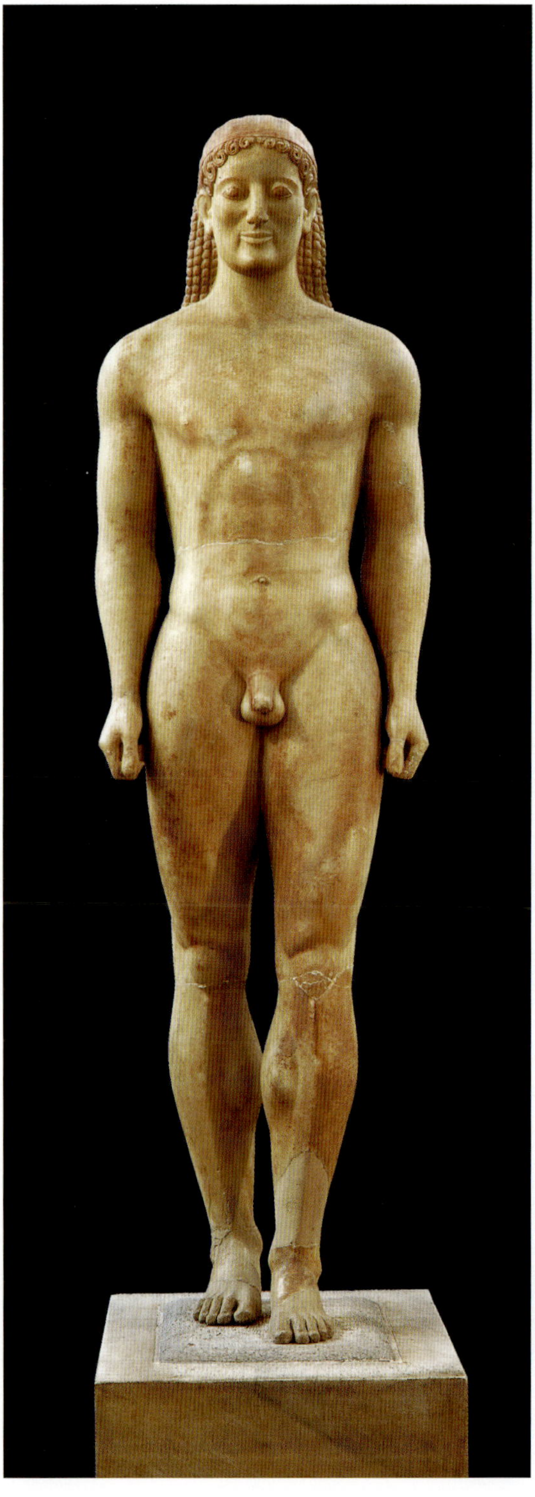

本图是处于优良保存状态的壮观的男性雕像样本：仅有左脚和左小腿的下部是被修复的。特别新鲜的被磨光的大理石表面，使人们充分地欣赏到成熟古典时期最成功的作品之一的雕刻价值。作为源自东方的具有古代装饰感的遗存物，其精致与新的自然主义感结合在一起，从而使优雅与柔和降落到一种具有说服力的立体效果和具有强烈吸引力的结构之中。由于手工艺者具有那种雕刻被背部和被臂肌正确地平衡的胸膛以更大体积的能力，且能让脊柱在背部和臀部显示出S形的特征性形式，导致最古老的那些男性雕像的二维形式显得已经被战胜。他的双臂脱离了身体，从而留出一个空隙。在空缺处的大理石也几乎从手中消失，这是将人性的东西与非人性的东西区分开的标志。带着粗壮的肌肉的双腿支撑着它的上半身，内侧的踝骨高于外侧的踝骨，脚趾以更大的正确性伸展开，而身躯的侧面则在腰以下变得宽阔起来。在头发上，在束住头发的饰带上、眼睛的虹膜上和它的耻部，可以看见红色的痕迹。人们在底座上发现了一段铭文，它讲述说："请你们在已故的克罗伊索斯的纪念碑前怀着怜悯停下来，因为当他在最前面的行列中战斗时，凶暴的阿瑞斯摧毁了他。"克罗伊索斯是一个伊奥尼亚式的名字，而这种笔法，在某些段落的柔和之中，也受到了伊奥尼亚艺术的影响。

潘泰利科的大理石
连底座在一起的高度为226cm
来自阿提卡的维拉尼代扎，清单编号29

阿里斯提翁的墓碑

阿里斯托克列斯，约公元前510年

大约公元前530年，制作精细的、通常顶上带有一个斯芬克斯的中古典主义墓碑，被一种更加简单的模式替代。这种新模式由一块狭小的不比先前更高的墓碑构成，碑顶被攀上一个手掌形的小尖塔，小尖塔在一开始有双重的涡形装饰，后来只有简单的一层。此处的墓碑可能就对应着这最后一个种类，如果将冠部的完全丧失不考虑在内，则它可谓处于极好的保存状态。被雕刻的肖像的人的名字出现在碑座的上部，有关雕刻者的信息——“阿里斯托克列斯的作品”则在给底座划定范围的饰带上。阿里斯提翁被表现为重装步兵，属于一个配备了重武器的步兵军队的士兵，从公元前7世纪到希腊化时代，重装步兵构成了希腊军队的主干。他手执长矛，戴着一顶阿提卡头盔（羽饰已经丧失），身着一件短而薄的袍子，在这袍子的外面，是一件胸甲，上面装饰着绘制的回纹饰、Z形饰，并且在肩上有一颗星（被画上去的装饰，几乎已经消失），踝骨用青铜护腿甲保护着。不过经典的大尺寸的圆形盾牌却已不存在，也许是由于在一个缩小画尚未被实践的时代，将这样一个盾牌插进一个垂直空间里很困难。制作者对于其身体的塑造具有极端熟练的技艺，胡子及头发的细致和衣物褶裥的轻巧，这些都意味着在那个时候，一位公元前7世纪末的大师，在古典风格的创作上的各种潜力正处于表达顶点。在碑上还存有颜色的痕迹：在背景和在死者的头发、胡子和嘴唇上的红色，在盔上和在胸甲上的蓝色。阿里斯托克列斯似乎是以丧葬建筑为专长的，他没有别的作品为人所知。

墓葬用的男性雕像的底座

约公元前510年

潘泰利科大理石

29×79cm

来自陶瓷区，雅典，清单编号 3476

这应当属于一位不明身份，但可能是运动员雕像的底座，在三个侧面上被装饰有浮雕。为使人物形象的凸起变得明显而涂的背景颜色原为红色，至今有些还存留着。中心的场面描绘着两位摔跤运动员，左边是一位跳高运动员，右边的一位标枪运动员正意欲在地面上划一些记号。他们的运动节奏被细心地调整后达到平衡：与较高且壮实的左边的摔跤手对应的是标枪投手，他比跳高运动员更高，且其身体处于正面的姿势。左边的场景（上图）可能发生在一个角力学校里，在这里，几个年轻人正等待着进行自己的训练。从左边开始依次是：一个掷铅球者、一个跑步者、一个正在运动场起跑线上的跑步者（短距离跑步）、一个跑步者（长距离跑步）、两个旁观者。将各个人物形象联合在一起的紧密节奏是从脚的交叉、从动作的相互回应、从满与虚的关系中产生，并被正中的离心空间清晰地表达出来，它确立了极为紧密的联系，以至被认为是一场团队比赛的再现。所有的年轻人都有力地推动着双腿，同时抬高脚跟。那处在最右边，从背后看见的人甚至两只脚与踩踏的地面垂直：这是朝向魔幻空间征服的第一步。在右边浮雕（特别在后面的几页中）中的四个身穿宽松长衫（裹在身上的一种长方形毛织物）的年轻人，正以观看一只狗与一只猫的战斗为乐，其线性的、干脆的、细腻的制作技艺接近同时代的红色人物形象的阿提卡器皿的陶画技艺。这件表现那个时代健身房日常生活之一章节的作品，说明雕刻者有着不同寻常的高超技艺。

墓葬用的男性雕像的底座

公元前510年至公元前500年

大理石
28 × 60 cm
来自陶瓷区，雅典

在公元前 6 世纪最后的十年里，发生了古代语言的危机。这是一个试图走新的道路却没有能够找到具有说服力的答案的实验中的十年。在宏大的造型艺术方面，一代代的青铜匠接替了一代代的大理石雕刻者，他们的美学追求导致了失蜡法（或称熔模铸造）这种新技术方法的产生（并且在某种意义上使之变得必不可少）：艺术的危机因此不是由技术发展造成的，而是由表达新内容的必要性造成的，而制作的革新则导致了新的内容。艺术家们正在寻求一种更加精确的动作表现形象性。一种更加严密的自然主义，从被大理石强加的静态中脱身出来的人类形象在空间中更加自由地链接。为了打破古代雕刻者对于单一形式的偏爱，并且将形象投入到一种前所未有的与空间的关系之中，就必须遵循打破轮廓线条的统一性，打破正面性的原则，使人类形象的一部分转动起来，将它变成空间建设的一个真正工具。这个男性雕像的底座与前面（第 88 页）的那个底座一样，都是从特米斯托克列斯的城墙上发现的，在被波斯人征服之后，它被再利用到城墙上。它的前部提供了一个杰出的范例，展示出运动员如何进行运动与对节奏的追求。然而更特别的是，这里是断裂点，在对于一种前所未有的形象与环境之关系的实现中，作者一直在探索如何进行这种追求。背对着我们的年轻人和那个在他身旁倚靠着支承物的年轻人，让人想到一个深度，它使空间变得可以经过，因而，一个新的范围已经向人类行动开放了。

两个正要进入比赛的年轻人是对于新的空间追求的一个好范例：突出身体的叠加和在近景处的形象的腿的作用

肩膀的极大胆的笔法——过去未曾有过的缩短，和垂直于作品之地平面的脚一起，反映了同时代的大绘画的经验

青年们正致力于进行一种与玩曲棍球相似的游戏，正在以两根弯曲的棍棒争抢球

还愿浮雕

约公元前460年

潘泰利科大理石

48×495 cm

来自苏尼奥海角，阿提卡，清单编号 3344

缺少了一块很重要的上部和几乎整个下部的这块浅浮雕，是在苏尼奥角的雅典娜神庙附近被发现的。通常它被解读为正在用一顶也许是花做的冠束住自己的头的运动员，花冠应该是用金属做成的，借助于仍然可见的一些小孔而被固定在大理石上，被一根带子束住的头发成绺地垂下。未被加工的部位也许本是被花冠盖住的，背景被涂成蓝色，以使身体更好地突显出来。这件作品的最大的优点无疑是人物胸膛的缩短，这是一个雕刻者对于身体旋转的细致观察和那种想要打破对于背景平面的从属性所反映的决心。在以卫城博物馆的特修斯像那样的实验为先导的这类作品中，先前被展示出来的一切对于空间的逐渐征服的东西，变得特别明显：背景不是一个平面，在它上面被投上一个本质上是二维的形象，背景被这个形象占领，表明是所雕人物在其中运动并生活的一个范围。这个跳跃不仅仅是属于技术性质的，更是由创造这种透视法缩短并且通过对于被光调节的体积的定义而塑造的能力决定的。艺术家们反映了在波斯战争后渗透了雅典社会的新意识，从而给予人的角色以一个可感的形式，人是他自己在其中越来越多地充当一个主人公角色的历史的参与者。

彩陶
来自法尔萨罗斯，帖萨利亚
无清单编号

有黑色人物形象的双耳大口酒坛

（被认为属于）埃克赛基亚的作坊，约公元前530年

在公元前6世纪当中的三十年（公元前560年至公元前530年），画有黑色人物形象的陶瓷在三个表现手法非常不同的艺术家的作品中达到了最高的艺术造诣。吕多斯可能是从别处迁入雅典的人，他绘制各类器皿，从喝水的杯子到巨大的双耳酒坛。在他的作品中，突出的有那些献给狄俄尼索斯——这位将酒送给人类的神的器物。可能来自埃及的亚马西斯是个陶瓷器皿制造者，人们认为他所制造的那些作品上的装饰也是属于他的，由此有了画家亚马西斯这个名字。正是他在陶瓷器皿上绘画，特别是在凸肚酒罐的那些巨大的方块中，使之达到了代表着希腊艺术的表达顶峰之一的那种和谐的完美。活动于公元前550年到前525年之间的埃克赛基亚，以画家和陶瓷器皿制造者之双重身份被列入阿提卡最大的陶瓷器皿画家之列。他的朴素而严肃的语言专注于英雄史诗中所铭刻的主要情节，这个虽然几乎是遵从于原作的，却充满着内容的张力，且具有强烈悲剧性的情节，总是以光荣的和命定的死亡为中心，从而超越了一种高度程式化和常规语言的那些界限。他强烈的个人和内省的视野，似乎预告着接下来那个世纪的那些伟大的悲剧作家将要作出有关神话史诗的戏剧成就。为给予被画的场景以呼吸，对于越来越大的表面的追求使得他将酒坛引向酒杯，酒杯被移到下方的小把手和轻松地呈喇叭形的口之间，后代的画家们将能够在这个空间展开更加复杂的构图，从而努力在小的载体之上还原宏大绘画的那些进步。埃克赛基亚以他愤怒的风格模仿，使黑色形象的绘画达到了完美的境界。

有红色人物形象的双耳土罐

（被认为属于）潘的画家，约公元前460年

彩陶
高 37cm
清单编号 9683

埃克赛基亚和他的追随者们使黑色人物形象的陶瓷达到其表达的最大程度。在公元前 530 年左右，绘制陶瓷器皿的画家们据此开始实验一种新技术——在陶器上绘制红色的人物形象。在这种技术中，主体被留在陶土的自然橙色之中，在一个被覆盖了一层丰厚的黑色黏土釉的背景之上，各个细节则被更加稠密的一种同种釉的混合剂画成，这种混合剂是以极细致的笔敷上去的。这种技术的发明者也许是埃克赛基亚的一个弟子，他以安多齐德斯的一名画家为人所知，他炫耀自己的技艺，创造了一小系列的器皿，它们一个侧面被装饰着黑色的人物形象，而另一面是红色人物形象。在公元前 6 世纪末，那些最博学的雅典画家已经放弃了绘制黑色人物形象的技术而投入到那种红色人物形象的技术之中，这种技术使人能够获得更大的自由，特别是获得一个更加紧密的对于大型绘画将在随后的十年时间里发展的自然主义的黏附。然而，在雅典以外，没有任何一个地方性的陶瓷流派成功地做到向红色人物形象的过渡，因此在公元前 5 世纪，陶瓷器皿绘画的历史将如同先前一样被雅典统治。然而，有一些艺术家将新的技术变成了对先前的技术的一种颠覆，颠倒了色谱，并且以一种古代化的，适应了被那些木板画和壁画的大师引进的新事物透视法的笔法表达自己。在这些模仿主义者中，最诱人者就是一个叫潘的画家，他被这样称呼是由于那件被保存在美国波士顿的有着对潘的艺术之再现的大酒坛，他是朴素风格的最后阶段的杰出代表者。在这里，被再现的场景是赫拉克勒斯诸业绩中的一件逸事，在埃及神话中，这位英雄屠杀了冥王布西利斯的众奴隶。

宙斯或波赛冬雕像

（被认为属于）卡拉米斯，约公元前460年

青铜
高 209cm
来自正对着阿尔忒弥斯角的大海中
优卑亚岛北部
清单编号 X15161

这尊极著名的雕像属于一艘可能驶向罗马而遭遇海难的船中的装载物。它分两次被一些渔民在阿尔忒弥斯角外的海中发现（1926 年发现手臂，1928 年发现其余部分）。它无疑是从古代世界存留到我们今天的最为生动的至高神力形象之一，并且从它被发现时起，就得到了人们非凡的赞赏。这位神呈四分之三侧面（至少这似乎是最正确的观察他的位置），可能正在投掷一支三齿叉。他的右腿伸到脚趾的末端，左腿则牢固地立在脚跟上，但是略微抬起的大脚趾则显示出，一旦悬在空中的能量在投掷中释放出了它的巨大力量，它就将接受整个身体的重量。左臂伸向目标，略微弯曲的右臂则正准备冲刺：类似的肢体开张在大理石中是绝对不可能的。手指听从着头脑的命令，并且正在“修正射角”；面部被冻结在一个严肃的、难以理解的表情之中；其眼睛肯定是以别的材料制造的，并且可能是以有颜色的坚硬石头镶嵌而成，不过已经丧失；浓密的头发被整理过：一条辫子将头发束缚在头顶上，并以优雅的发绺状态在额上重现，发绺又与强壮的鼻子相呼应；胡须呈长而带有波浪的小卷，使这位神的轮廓达到完美，并且给他的目光以动力；上半身的肌肉，不论在腹部，还是在背部和臀部，都与运动相协调。但是这件作品的最杰出之处无疑是在面部，这是对神的崇高与美丽的庄严体现。

阿波罗雕像

（被认为属于）卡拉米斯，2世纪的复制件，
依据的是公元前460年至公元前450年的青铜原作

潘泰利科大理石
高 176cm
来自狄俄尼索斯剧场，雅典，清单编号 45

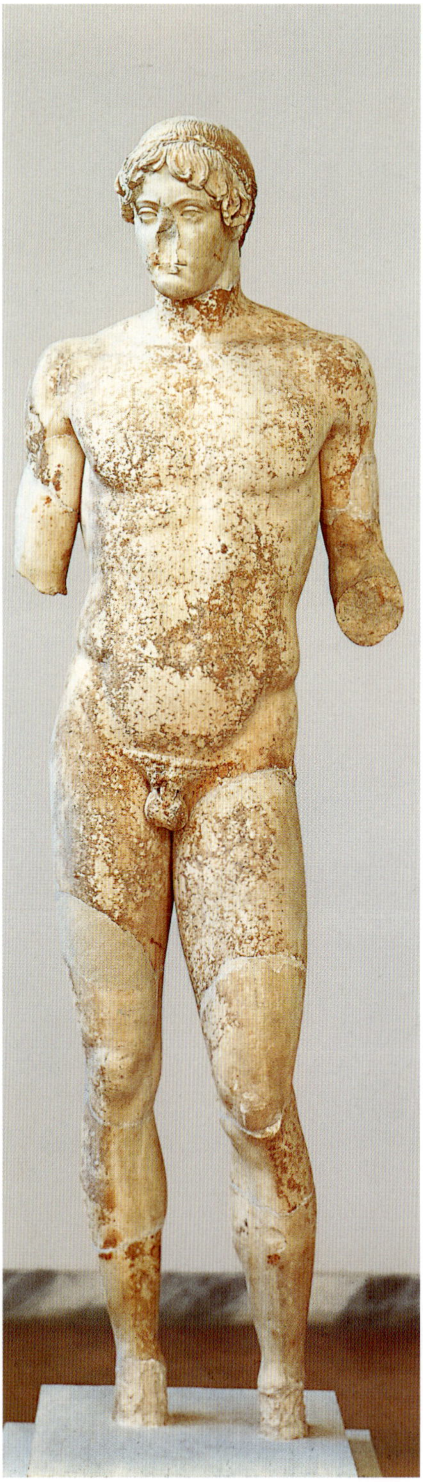

活动于大约公元前 470 年至公元前 445 年之间的卡拉米斯是青铜匠和大理石雕刻家，在一个波斯战争之后正快速转变的世界里，他是一种仍然受到古代影响的贵族式完美理想的代表人物。他非常受同时代人和后期作家们的敬重，他们认为他是最伟大的严肃风格的代表者。这件阿波罗雕像被称为“肚脐”，因为人们认为它原是被放置在那个“肚脐”形的底座之上的——1862 年，它就是在这个底座旁边被发现的。与他的遥远的原型相比，这尊雕像展现了人在以自身内部的自然性获得运动之空间和能力方面完成的所有进步，展现人具备着自主性的顽强存在，而不是对于一个旁观者，不论是人性的还是神性的旁观者的显现。一种被小心达成的平衡约束着整个作品：由于身体的重量被作者大胆地放在了右腿上，就涌出了一系列的后果——每一个行动都被对应着一个相似和相反的反应。他的双脚轻微地岔开，并且左脚的脚跟应当略为抬高。脊椎和耻骨线因此遭受一种扭转，这个扭转迫使双膝、髋部和肩部根据交替的节奏而离开中轴。那些在几年之后被波吕克列托斯制订的法典式尺寸的头部，对于身体在空间的分布作了总结，它轻微地扭转和弯曲，以对应和控制身体的动力，将运动封闭在一个向心的范围之内。面部的轮廓是按照自然主义的方式处理的，在头顶上被冠以一个华丽的盔式发型，嘴已经失去了东方式的固定性，他那古代的微笑已经消失，被一个新的也许痛苦的意识删除。但是其古老的宏伟性质却没有消失，而是雕刻家在形象所传达的那种庄严的存在之中，找到了新的和有说服力的表达。

雅典娜雕像

据菲狄亚斯原作缩小复制，2世纪的复制件，
根据的是公元前438年的帕特农神庙的原件

潘泰利科大理石
连底座高 105cm
来自瓦尔瓦凯庸学校附近，清单编号 129

这座小雕像——一件绝对没有艺术活力和品质的不起眼的复制品，却充当一个非常重要的角色，因为它是由菲狄亚斯创作，于公元前 438 年放置在帕特农神庙的内殿中，并被古代的人们一致认为属于希腊艺术的最高表达的以巨大的金与象牙雕像的现存复制品中保存得最好的和最完整的。代表皮肤的部分是以象牙制成的，其余的部分则是以金片贴在木制的骨架上。复制品的大小约为原件大小的十二分之一，原件的尺寸通过保萨尼亚斯（马其顿王国国王腓力二世的近身护卫官之一）的描述和其他的古代资料而清楚地为人们所知，它应该超过十一米高。女神被表现为站立着，右臂前伸着，以托起一个带翼的胜利女神。头上戴着的羽饰被分为三簇的阿提卡式头盔，带有一个斯芬克斯，两旁为带翼的马佩加索斯。胸前闪耀着带有戈尔工（希腊神话中的女妖）之头的盾牌，穿着有褶绉和下摆的阿提卡式长袍，腰间由两条蛇束住。左手拿着一面巨大的盾牌，据普利尼乌斯所述，盾牌的外部被用阿马宗大战的浮雕场面装饰，而在内侧则被画上众神与众巨人间的一场战斗（在复制品中已经被省略），在凉鞋上则表现了拉皮泰人与众坎陶罗斯之间的一场战斗。在盾牌的后面，隐约可见圣蛇埃里托尼奥盘成的圈。在底座上有另一幅浮雕，描绘着潘朵拉（希腊神话中火神赫淮斯托斯用黏土做成的地上的第一个女人）的出生。在有关佩利克列斯的传记中，希腊传记作家普鲁塔克明确地说：“菲狄亚斯将自己表现为一个秃头的老人，以双手举着一块大石，而被耀眼地雕刻的佩利克列斯则正在与一名阿马宗（希腊神话中的业马逊女战士）战斗着。”这种自我颂扬让当时已经对这位国务活动家和这位庞大设计的实施者之间的友谊关系，以及对怀有敌意的雅典社会有了许多的困惑，从而引起了一场控告菲狄亚斯不虔敬的诉讼，诉讼之后，这位雕刻家也许死在狱中，或者，根据别的资料来源，避难去了埃利斯。

潘泰利科大理石
220×152cm
来自埃列乌西，阿提卡，清单编号 126

还愿浮雕

公元前440年至公元前430年

这个巨大的浮雕来自雅典附近的埃列乌西圣所的泰勒斯台里昂神庙（举行奥义传授仪式之处）。过去在这里举行崇拜女神得墨特尔和她的女儿佩尔赛福涅（或科莱）的秘仪，这种秘仪与崇拜狄俄尼索斯的秘仪一起，是古代世界最重要的秘仪。这些仪式与在奥林匹亚和其他圣所举行的泛希腊赛会一样，是希腊文化统一性的重要表现之一。在古典时代，所有人都可参加仪式，只要他说希腊语，并且不被重大罪行和渎圣罪玷污即可。传授仪式通过一系列的仪式和实践而进行，这些仪式并不全都被人熟知，它们的一个关键之处，就是在泰勒斯台里昂神庙里参加一种表演，表演涉及女神为女儿被哈得斯抢夺之失去而悲伤，以及为她的定期回到地面和儿子特利托列摩斯的出生而喜悦的场面，崇拜和仪式因此与丰产和再生的仪式及神话结合在了一起。浮雕中央表现出埃列乌西国王科列奥斯的儿子特利托列摩斯被委托使人类认识谷物种植的场面。母亲得墨特尔给他一支麦穗或几颗麦粒（已经丧失，因为也许是以金属做的），同时佩尔赛福涅在祝福他。得墨特尔穿一件多利亚柱式重长袍，带有如同柱身上那样的竖直的褶裥，年轻的佩尔赛福涅穿着一件长袍，披着一件斗篷，斗篷轻而呈细致的褶裥下垂，少年赤裸着，长袍在他肩上搭着。这件有着优良品质的作品所散发出的宗教情感的庄严性，使人们更愿意将它视为一个崇拜对象而不是一个许愿物。

白底的阿提卡小瓶

波桑奎的画家，公元前450年至公元前440年

彩陶
来自埃列特里亚的一处坟墓
优卑亚岛，清单编号 1935

上图是一种通常有着不大的尺寸（大约高 20 cm）的形如带柄带嘴的水壶——颈部紧窄身体较长的器皿，用以装油或香料，主要用作在葬礼过程中交纳的奉献物。白的底色于这个世纪初被画家们引入用于红色的人物形象，一开始是在一种兼具还愿功能而不是实用功能的某些杯子和其他陶瓷器中。彩色装饰迅速发展起来，从而导致一种与已经失传的实质上是以轮廓线条为基础的画架式绘画平行的表达流派的诞生。这类水壶在哥林多、阿提卡和意大利南部的描绘有人物形象的陶瓷器皿中都有，在哥林多时常出现紧口钱袋形，也就是瓶体为球形的瓶子。在最古老的制造中，其底色为灰色或泛黄色，所画的对象大多受到神话逸事的启发，或是取自日常生活；在公元前 5 世纪，在阿提卡发展了一个真正的白色流派，这些器物只用于丧葬。器皿的表面被完全涂成白色，在这个底色之上，以黑色画上人物形象的轮廓，然后人物形象被敷上一层有着惊人的多样性和细致性的颜色层。最为经典的形象表现是死者家人的守灵、墓碑的装饰、等候着下葬仪式的梦神和死神、将灵魂运送到哈得斯的亡灵度送者赫尔墨斯。“波桑奎的画家”是从第一个辨认出他的一些作品的研究者那里获得这个名字的。他是一位在白的底色上作画，再现围绕墓碑仪式的阿提卡陶瓷器皿画家。他以一种有着强大立体清晰性，注重同时代的巨大绘画解决方法的线条为特征（请特别注意年轻人的右脚）。上图中：在左侧器皿的腹部，可以看见一个持长矛的年轻人，带着一顶被抛到肩后的宽边帽，身披一件短斗篷，正紧张地看着一块碑；右侧瓶子上是一个少女，带着一只装满饰带和花冠的篮子，她正将这些物品与其他的献供品一起放在台阶上。

彩陶
长 29cm
来自埃列特利亚，阿提卡，清单编号 1629

纺锤托

埃列特利亚的画家，公元前425年至公元前420年

纺锤托是一种半圆柱形的一边敞开的陶瓷工具，被妇女如同护膝一样用着——在上面擦拭和搓揉羊毛。它常常被用作是一种结婚礼物，并且如同这里的这件样品一样，在前部被装饰有一个浮雕的阿芙罗狄特头像或半身像。画面上被表现的对象一般是纺织场面或阿马宗战士。这件作品是制成于漫长而痛苦的伯罗奔尼撒战争中的一件典型的产品，当时有部分的陶瓷画家抛弃了古典的战斗场面，用以表现田园场景和爱情场景，这些场景以那些有意于和平和轻松活动的神为中心，在这些神中，爱情之神阿芙罗狄特充当了一个特别的角色。埃列特利亚的画家——他的这个惯用的名字正是来自这里的这件纺锤托，他是一位非常著名的艺术家，活跃于公元前 440 年至公元前 415 年，至今尚存的有近一百件作品被认为是他的，他的创作有着细致和女性化吸引力的亲密场景。他表现的富于紧贴时尚的诱人细节、发式和家具，以理想化的和刻板的方式，再现了完全在自家墙壁的封闭之中展开其生活的雅典上层社会妇女的日常生活。构图拥挤却又平衡，精致与优雅使人贴切地想到菲狄亚斯流派的语言。在纺锤托的右边是一群朋友造访正在闺房中的新娘阿尔凯斯特的画面，他们用花装扮婚礼器皿，并且使她与一只家鸽友好地相处。在与其正对着的一边，被再现的是年轻的新娘阿尔摩尼亚在一种略有点色情的氛围之中的梳妆。正面为特提斯被佩琉斯抢劫。图画有着极端的并且略有点矫揉造作的雅致，人物姿势达到了矫饰的极限，衣服的褶裥，尤其是在胸部和腿上的褶裥，接近了本身意义的画法，虽然是在室内，但环境的布置却没有任何对于透视的关注。

白底的阿提卡小瓶

芦竹丛的师傅，公元前430年至公元前420年

彩陶

高 49cm

来自埃列特利亚的一处坟墓，优卑亚岛

清单编号 1816

老普利尼乌斯关于帕拉西奥斯的记载是这样的："帕拉西奥斯，生于以弗所，他有许多发明。他第一个给予绘画以平衡的规则，第一个发明有关面部的细小的表达细节——头发的优雅，面貌的可亲，并且，通过别的艺术家的承认，让画作形体的轮廓线达到完美，这是绘画的最精致之处。画出对象的形体和中心区域，这固然是巨大技巧的证明，但许多人在这方面的技艺已经达到了炉火纯青；而要在绘画中表现人物身体的轮廓，并且能够将缩短至各个平面的扭转封闭在人物形象所决定之处，在艺术的领域里很少有人能够如此。轮廓线事实上仿佛应该自己转动，并且能够以别的形式的存在，甚至使得它所遮盖的那些部分变得明显。"公元前 5 世纪后半期，最伟大的艺术家的不平凡的创新已经在普利尼乌斯的这段文字中被完美地表述了出来。如果他的绘画已经完全丧失，则人们能够在一位阿提卡陶瓷艺人的那些优秀作品中收集到他的回声，这位大师活动于罗索尼画家的圈子里，以芦竹丛的一名师傅为人所知，是雅典博物馆的两件最不同寻常的小瓶的作者，也就是这一件和编号为 1817 的那件的作者。这个小瓶上画的是一个在战争中被杀死的年轻人，他坐在自己的墓碑前，对于周围的一切无动于衷，带着非常哀惋的表情。支撑着人物形象的线条根本不是单纯的轮廓，而是远离了在波桑奎的画家的作品中被清楚地展示的习惯：它自由而富于节奏地流动着，以轻而特别肯定的笔触建造出轮廓，给予完美的透视，甚至在看不到的地方创造影子，在衣褶中暗示着透明，并且给在远处无限消失的视线一种使人激动的强度。正是这样一些作品，使我们能够理解当时那已经消失了的伟大的绘画。

墓碑

阿戈拉克利托斯（？），公元前430年至公元前420年

潘泰利科大理石，
105×85cm，
来自萨拉弥纳或
埃吉纳，
清单编号 715

此碑的下部和底座已经缺失。阿提卡人对于墓碑和墓葬建筑的热情在大约公元前 5 世纪中期之后得到复兴。墓碑的新形态抛弃了先前那种只利于解决单独一个人物的高而狭窄的表现方法，而代之以一种更加矮和宽、有时呈小神殿的形状，或者通常外接建筑元素的碑。在这种碑中，能够使更多的人物行动，同时带着当时的艺术倾向，自由地将人物加以组合安排。此处的这块墓碑没有边缘，而是被冠以一条带有突出的小棕榈叶和荷花浮雕的饰带，在浮雕之下为从莨芳花叶中生出的涡形饰和曲线饰。在碑上被表现的是一个正面姿势的年轻人，他身侧下垂的左手中拿着一只鸟，同时将另一只手举向一只小鸟笼，在鸟笼下，有一只猫蹲伏在一座碑上。在碑的面前有一个小奴隶，他的身体略有点向左弯曲，面部带着沉痛的表情。青年的侧面被立体化地突显在背景平面上，其目光定在活着的人们无法到达的一个方向，远离围绕着他但已不再属于他的生活。宏伟壮观的身体塑造艺术，表现衣褶所借助的和谐的优雅，被上升到具有象征物价值的普通事物与各个主人公之间的那种适度的关系，将形象表现投入到命运的不可测知的宁静和缄默的秩序之中。这是一件大师（有着与那些在菲狄亚斯的监督之下制造帕特农神庙的柱顶盘中楣的大师同样的文化修养的）的作品，某些研究者认为作者就是阿戈拉克利托斯——菲狄亚斯的弟子，他可能曾经制作了帕特农神庙中楣的一些有着最富于生命力的人物形象的衣褶。

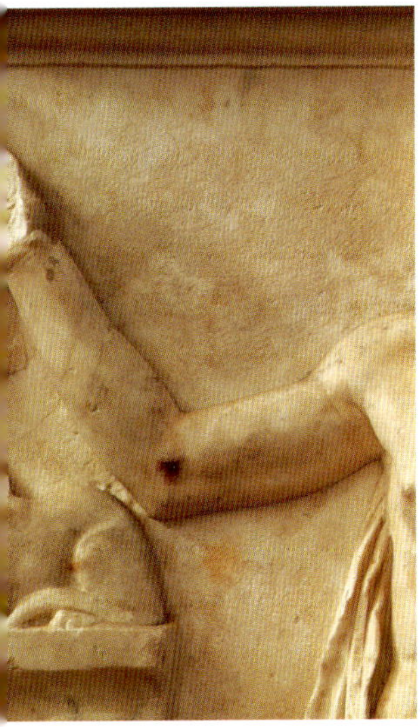

人物的右手在触及笼子，笼中的小鸟已被取出拿在左手中，为的是使它逃离那只几乎像一头斯芬克斯一样蜷曲在碑上的猫

年轻人的应当与手的动作相伴的表情固定在活人们看不到的地平线上

赤裸的奴隶的面部表情和身体处于深深的忧伤之中。显然，这个少年不可能发现已故主人的显现

狄亚杜梅诺斯

波吕克列托斯，

约于公元前100年根据公元前420年的青铜原件复制

大理石

高 194cm

来自德罗斯岛，清单编号 1826

阿尔戈斯的波吕克列托斯是伯罗奔尼撒流派的最大的代表者，并且他与菲狄亚斯和米隆一起，是那个被定义为古典时代的短暂时期的最伟大的演员。在这个季节里，他创造了一些具有完善性的作品，这些不仅仅是为后来的希腊,更为整个西方艺术观念的发展提供参照点。著名的“里亚切青铜器”和奥林匹亚宙斯神殿的非凡的三角楣雕刻的某些部分，在近年被认为是阿盖拉达斯的作品。波吕克列托斯是最伟大的阿盖拉达斯的学徒，他在大约公元前 440 年到达雅典，开始了与菲狄亚斯文化的接触，并且致力于一些孤立形象的制作。在这些形象中，他发展了一种和谐和节奏关系的平衡，在有着重要的意义、以对于形象创造所固有的几何与数学关系的研究为基础的文本《规则》中，他给了这个平衡一个理论的形式。在他的“长枪兵”中，匀称平衡被分为随意与和谐的肢体安排，而肢体则被运动的发展结合成为紧密的作用联系，从而解决了这个难题，也就是将运动变为一个立体形式——将人性行为的偶然性变为永恒事物的可在观念上表达的偶然性。在“长枪兵”之后二十年，与菲狄亚斯的伟大艺术的接触，被伯罗奔尼撒战争毒化了的已经变化了的政治形势，损害了他宝贵的信心。狄亚杜梅诺斯不是被表现为一个正在认识自己在世界中的角色，并且觉得自己是命运的创造者的人凭着那种对于奥林匹亚山的自信在庄重地迈步行走，而是恰好在将一条象征胜利的饰带系在自己的头上。这是充满着间歇战斗之后的暂停时刻，是紧跟着行动的暂停。身体的平衡协调是完美的，但不是表达一个不可阻止的推进力量。他的头是低下的，尽管他的脸上洋溢出胜利的喜悦，这个年轻人似乎在进行内省，像一个神一样美丽和强有力。这件复制品是最古老的和对原件最忠实的复制品中的一件。

潘泰利科大理石
156 × 97 cm
来自陶瓷区，雅典，清单编号 3624

墓碑

卡利马科斯，公元前410年至公元前100年

这座墓碑形如一个小型神殿，带有处在边上的细薄壁柱和三角楣。上面的尖角为小棕榈叶状，在三角楣的框上，刻着已故者的名字“埃盖索斯·普罗克赛诺斯”。年轻女子坐在一把优雅的椅子上，将双脚放在一只被精致加工的小凳上，椅子的线条成为构图中独有的富于生气的元素。她的头发在颈上被收束在一只轻薄的帽子里，轻薄的衣服的褶皱也掩盖不住她优雅的体态。她正集中注意力观察从年轻的女奴递给她的盒子里取出的一串项链，由于项链是被画上的，所以其颜色因年久已经消失，现在已无法看到。女奴站在她面前，身穿“蛮族式”的衣服，头发被一只网约束住。家庭和日常的气氛被简单性唤起。女子平静而冷淡的态度，意外庄重的动作之适度，这一切都揭示出已故者的离去。作家雕刻的图画的纯洁性，动作的不自然的优雅，帷幔的节奏，面部的前倾，使日常性的环境变得神圣，并且将这种日常性运用到了万物终结处那没有回返的永恒范围内。

两个人物形象之间关系的深刻自省能力和精神复杂性的还原，无疑表明它是一个大师的作品。褶裥的塑造艺术，和被完美地组合进尽管是艰难地容纳她们的建筑框架之内的人物形象的相当自由的安排，充分地预示了在那个世纪即将结束时，一些像卡利马科斯那样的大师的作品具有成功的“富有风格”。卡利马科斯是一些精致而矫饰的正在跳舞的酒神女信徒的浅浮雕的作者。

带有巨人大战场面的双耳瓶

普罗诺摩斯的画家（或作坊），公元前410年至公元前400年

彩陶
高 42cm
清单编号 1333

在公元前5世纪的最后十年，将自己庄严而平静的图像印在佩利克列斯时代的陶瓷器皿绘画上的具有宁静和谐的整齐性的精神，经历了一些巨大的改变。除了曾经提到过的以具有优雅和家庭情景描绘的形象再现女性世界的流行趋势（其代表者为埃列特利亚的画家和穆尼亚斯），还出现了戏剧般活跃的场面，这些场面常常有着广阔的比例，有众多正进行着战争甚至暴力活动的人物形象。一个被可怕的兄弟相残引发的战争撕裂的社会精神和人物心理的折磨被表达为各种充满痛苦的造型艺术形式，它们明显符合当时的一些陶瓷画家的创作风格。在大约公元前420年之前的那些年里，彩色的器皿绘画还没有达到再现文学资料授予同时代绘画的那些巨大运动场景的能力。有着书写而非绘画特征的红色形象技术，不能够完全表现阴影和体积，这些东西因此是通过使线条膨胀和强调动作而得到补偿的。从普罗诺摩斯的画家的作坊中出来的器皿的特点，就存在众多被大胆缩短的人物形象，其根据可能来自菲狄亚斯之手笔的少女雅典娜的盾牌内部所画的巨人大战的一种肖像和一些解决方法。姿势和表情的激化恰好表现出相对于原型的显著自由。如果说每一对战斗者都是以巨大的构图效果被联系在一起，那么它们所缺乏的就是通过将他们放到一个统一而可靠的自然空间之中以使他们与背景环境相协调的能力（或技术可能性）。

三角楣尖顶饰座

提摩泰奥，约公元前380年

潘泰利科大理石
高 85 cm 和 79.5 cm
来自埃皮达乌罗斯的阿斯克列皮奥斯神殿，清单编号 155 和 157

在被福凯亚的泰奥多托斯（或泰奥多罗斯），于公元前 390 年在埃皮达乌罗斯圣所之中所造的庄严的阿斯克列皮奥斯神殿的废墟之中，人们发现了许多雕刻碎片，它们属于三角墙和西边正面的饰物。在博物馆中重新组合起来的这些物品，让考古工作者们经历了巨大的考验，构成了公元前 4 世纪开始时雕刻研究的最诱人的篇章之一。三角墙顶的中心再现了一个正在飞的胜利女神，她被一种螺旋式的上拉运动轻轻托起，有着被极轻的衣服突显出来的完美体形，风将衣服吹得紧紧地贴在她的身上（清单编号 155），这是一件富于创造力、冲击力和优雅的杰作。她拿在右手中的山鹑象征着阿斯克列皮奥斯的治疗能力。在她的两旁，在屋顶的两端之上，有两个女性形象——涅琉斯的女儿或是风的人格化形象。她们从外表上看虽然呈现的是很不自在的姿势，但如果在原始的透视法中从下方看，则是恢复了正确的布置。无疑是被提摩泰奥斯设计的要素之一的衣褶，突出了先前十年的经验，这些经验，正是在下文带有阿马宗大战场面的三角墙的中心部分宏伟的潘泰西利亚（清单编号 136）的作者，受到对于有着巨大实质性和极优雅的帕特农神庙大理石的重新阅读的启发而发展出来的（以巨大的表现强度制造了神殿的东侧正面，从而预告了斯科帕之夸张的提摩泰奥斯或埃克托利达斯也是如此）以女性的姿态：两条腿在同一侧骑坐的那位涅琉斯之女，以右手将马的颈脖拉向自己，以抬起的左手提着被风吹得鼓起的斗篷的一道边，显然创造了最美的“降落伞”效果。只见她带着忧郁表情的头略微倾向右侧，以精致的立体形式被塑造的长袍，其褶裥突出了身体的美，并且揭示出雕刻家阿提卡的身份。

墓碑

斯科帕或欧弗拉诺尔的团体，约公元前340年

潘泰利科大理石

168 cm × 110 cm

来自伊利索斯河，清单编号 869

这块碑原本是被嵌在一个小神殿形状的建筑上楣中。作品脱离墓葬建筑的结构是由于已故者与观看者的不寻常的关系，他向生者（也就是我们这些观看者）的世界投来一个令人难忘的目光，这是有意识的和不可弥补的令人痛苦的死亡的表现。宏伟的人物形象倚靠在他自己的坟墓的碑上，一个孩子在哀哭已经逝去的父亲之后，蜷着身体在这碑的台阶上睡着了，就好像这个有着诗意的立体直觉的人是他的梦的物化。狗正在徒劳地试图嗅到它不再能够感觉到的主人的存在。它因此走得远了，直到停在右边那位老人的那双对于他来说显然是熟悉的脚边，从各种迹象来看，这位老人是已故者的父亲。沉重地穿着多褶皱衣服的这位老人被表现为侧身，转身朝向儿子的坟墓，目光正朝向他将再也看不见的那人的面部，眼睛凝视着已经失去的世界，手在机械地抓着自己的胡子，面对着一个被感觉为不可理解的死亡之谜的不公：年轻人在风华正茂之时消失了，而老年人留了下来，成为一个不可测知命运的无益的“渣滓”。墓葬制造还没有达到以如此简洁和不可避免的戏剧性，来表达在物质上可感知的东西与逃避感官感知的东西之间，真实性与永恒性之间的争执，也许在那个沉入自己的梦的世界中的孩子身上，暗示着不可阻挡的生命必然性和痛苦的重新确立。认为它属于欧弗拉诺尔杰出雕刻之列的说法是近年提出的。

女性头像

斯科帕，公元前350年至公元前325年

大理石
高 28.5 cm
来自泰盖亚，阿尔卡迪亚，清单编号 3602

出生于帕罗斯的斯科帕，以雕刻家和建筑家的身份加入了他那个时代最伟大的建筑家和雕刻家的群体，尽管他的作品并不总是能够准确地与他同时代的其他大师的作品区分开。在他活动的那个新的历史背景里，他以自己的无偏见和专业性，追逐着一个国际性订购的要求，他的巡游活动和重要的受雇任务就像一面展现历史背景的镜子。他曾经在埃皮达乌罗斯、古希腊以弗所的阿尔特弥西翁、哈利卡尔纳索斯的巨大陵墓工程和泰盖亚的雅典娜阿莱亚的神殿里辛勤地劳动，这后一处也许是他所创作的具有最重要作用的作品之所在。神殿的令人痛心的保存状态，很难让人领会那些建筑学的创新，这些创新之处意在通过将建筑元素的“真实”价值变得无用，以解构古典的完善形式，从而以表达形式代替功能。同样的经历发生在他放置在被恩多依奥斯创作的金与象牙的女神像之旁的群雕和两尊雕像之中。泰盖亚神殿中的雕像的各个脸部的表达范围是令人吃惊的：与世界的和谐断裂感和对于诸神的冷漠意识，将人压碎在他自己的处境之中，反抗的可能性改变不了人物的命运。在情感的碰撞方面，斯科帕总是能够为人物插入一些伤心而忧郁的停顿表情，就像在这个也许是表现许吉亚（阿斯克列皮奥斯之女，健康女神）的面部中那样，在这里，优雅和几乎被一层忧伤的影子遮蔽的宁静专注，在女神的表情中突显出来：一个已经完全人化了的神的女性化的肖像。

武士头像

斯科帕，公元前350年至公元前325年

大理石
高 25cm
来自泰盖亚，阿尔卡迪亚，清单编号 180

由两块碎片重新组合而成的这个头像，来自泰盖亚的雅典娜阿莱亚神殿,斯科帕建造了这座神殿,并且也制作了雕塑。被伯罗奔尼撒战争破坏的古典平衡，迫使许多艺术大师搜寻强烈个性化的道路，这些道路最终导向那些旨在开发个体的内在性，而不是给予那些普遍价值以形式的研究，那些价值已经认为被各种事件颠覆，并且属于一个不可重复的黄金时代。

如果说普拉克西特利斯试图以富于柔弱忧伤的形式复原人的不完善感，则斯科帕是用大理石表达一种情感，这种情感有时似乎在面对人类处境时感受到不能容忍的反抗的冲动。同时代的人们确实称赞他的这种将强烈而富于激情的感觉表达为立体形式的能力，因为他的作品被认为是对悲怆的最完美表达。他塑造的人物形象拆解了菲狄亚斯作品的奥林匹亚式自信，拒绝了波吕克列托斯规则的抽象而理智的尺度，因其憎恶普拉克西特利斯的暧昧的女性特征，而寻求意外的偏离和突然的弯曲。

为了给予这个雕像面部表情更大的戏剧性穿透，斯科帕明白必须要突显人物面部的明暗对比：眼眶深陷，眉毛突出。雕刻家用深沟处理头发，使其嘴唇变厚，使头部弯折。他的艺术观对于希腊文化，特别是对于在佩尔加摩和小亚细亚发展的那些最为戏剧性的悲怆潮流紧密结合的希腊文化，起到了一个重大的影响。这个头像的出处——被挖掘出来的三角墙再现的凯科斯河的战斗，是特洛伊战争中的一个故事，参加这场战斗的泰列福斯就是来自泰盖亚。

青铜
高 130cm
来自面对马拉松的大海
清单编号 15118

青年运动员的青铜塑像

普拉克西特利斯（的团体），公元前340年至公元前330年

作品处于极好的保存状态之中，只是左脚后跟和右脚掌是以石膏重新做的。雕刻家将年轻人身体的重量都放在左腿上，右手则显得在做推的动作时被阻挡住了；上半身略微转向右边，而头部则是转向左边，紧张地看他拿在手中的一个目前已经消失的平的物体。他的右臂伸向高处，右手做出一个奇怪的动作，而这只手也许正拿着某个没被定义的东西。也许人们不可能给予这个形象如此奇异的动作一个精确的解释，在各个对立面的这种不稳定的相互呼应之中，这个形象清楚地使人想到了普拉克西特利斯的艺术思想。事实上，典型的普拉克西特利斯风格是将形象建造在一个平面上膨胀开，并且从一个确切的视点看是很生动逼真的，雕刻家用一种线条有节奏地将其轮廓舒展开来，被身体和动作的特有步伐支撑，在其某些细节的微妙方面——如以铜片贴成的乳头——常常有着诱人的优雅。面部被一种有着强烈而又不可捕捉的、充满着张力的、被石灰石做成的眼睛和用玻璃做成的眼珠所突显出来的精神性的表情作上了记号，几乎在单独的一个图像中融合了普拉克西特利斯和吕西波斯的笔法。其结果是一种和谐的统一，它也许被一种预示了后来的亚历山大时代语言的轻微做作擦伤。普拉克西特利斯，作为与斯科帕和吕西波斯一起的、公元前4世纪的那些新要求的解释者，他对再现行动和意识不感兴趣，而是尤其细致而暧昧地创造那些较小的年轻的神，将其变为灵活少年野兽——也就是一种新的美的理想的色情表现，这种远离张力的理想在一种不稳定的平衡中达到顶峰。

青年塑像

欧弗拉诺尔，公元前340年至公元前330年

青铜
高 19cm
来自安提齐泰拉的大海，清单编号 13396

这个庞大的塑像是于 1953 年在当时任博物馆馆长的 C. 卡卢索斯指导下，在先前的那次挖掘上的再发现（1900 之后）——在那些年里实施的不成功的重新组合之后，由众多的碎块重新组合而成，并且考古学家们在缺损的部位作了补全。他结实的肌肉及在运动中完美平衡的身体的安排，也许要归功于波吕克列托斯。然而这种前所未有的宏伟感，使人想到吕西波斯式的最为戏剧性的造型艺术，无疑，对于一套个人化的用于作为种种特殊结果之表达的人类形象的比例体系的试验，是与这种造型艺术共通的。这些研究也被欧弗拉诺尔推举并发展，他也许是雅典的最受敬重的画家和雕刻家，在雅典，他一直与普拉克西特利斯竞争第一的位置。欧弗拉诺尔以完全不同的方式所阐明的，根本不是普拉克西特利斯式的暧昧的敏感部位，而是古典理想的危机。被伯罗奔尼撒战争的结束确立的这个危机最终封闭了。当艺术是一种政治体系的表达时，它被理解为存在之意识的艺术的循环。在那种政治体系之中，城邦以其自主性，为自然与人之间的关系起着中介的作用。这个体系的受损，很自然地导致曾经支撑着古代大师们的形式研究的那种确信的消失。正是普利尼乌斯给出了一个极好的适合这个雕像的作品描述："帕里斯属于欧弗拉诺尔，在这件作品中被称赞的是这个事实，即所有的东西都在同时被认出来——诸女神的裁判，海伦的恋人，却又是杀死阿基琉斯的人。"这些话综合了作品的表达复杂性，虽然有些研究者认为此作品雕的是帕修斯。

惊愕的眼睛和半张开的嘴唇似乎预见了被那个由帕里斯完成的决定命运的选择所引发的悲剧

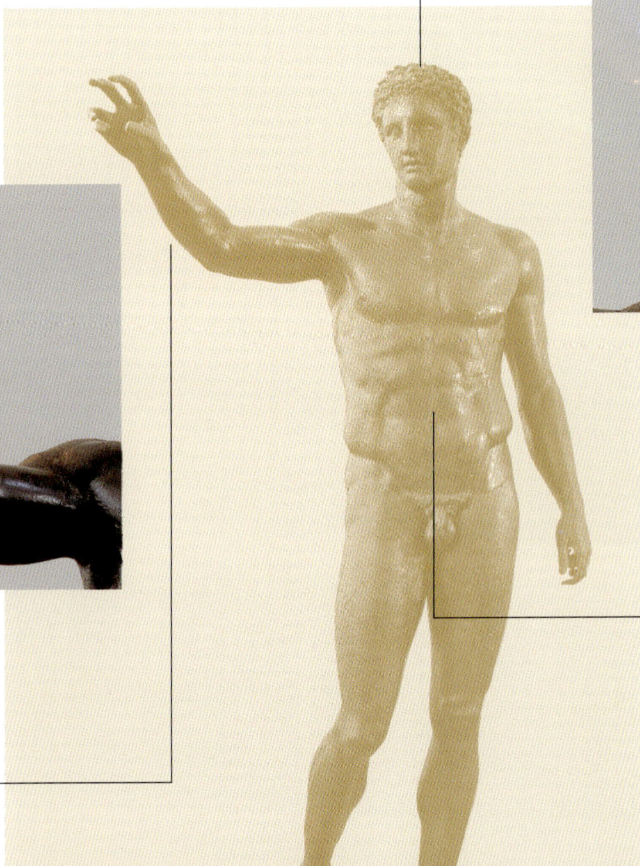

腹部、胸部和臀部的肌肉以一种对于脂肪组织的光线和表达价值的更大关注，发展了波吕克列托斯所创造的模式

年轻人左臂沿身体而伸着，右臂伸出以托住一个今天已经消失的物品，认为这是帕修斯雕像的人将此已经消失的物品解释为美杜莎（希腊神话中的一个女妖）的头，那些似乎更倾向于想到帕里斯的人则认为此物为赫斯佩里德斯的苹果

拳击手萨提罗斯的头像

西拉尼奥，公元前330年至公元前325年

青铜

高 28cm

来自奥林匹亚，清单编号 X6439

这个处于极好保存状态的头像，几乎肯定为表现埃利斯的拳击手萨提罗斯的雕像，他是雅穆斯后裔的家族中一个尊贵的代表者，这个家庭的最为人所知的职业是在巨大的圣所中作预言。作为当时的一流竞技人物，萨提罗斯在涅梅亚足足五次，也就是连续十五年，赢得了极艰难的拳击比赛，另有两次在德尔菲，两次在奥林匹亚赢得比赛。雕像就是为了最后这两次胜利而在公元前332年和公元前328年间被西拉尼奥创作的。根据普利尼乌斯所涉及的资料，他那时正处于其创作生涯的最高峰。雅典人西拉尼奥是青铜艺术家，他制作了一些有关当时活着的人物、历史的人物和神话中的人物的著名画像，其中就有柏拉图。左图中，萨提罗斯那属于奥林匹克胜利者的橄榄枝环绕的头部有着强烈个性化的并被无数战斗损伤的体质特征：额头轻微地蹙起，原先是以石头和玻璃镶嵌而成的眼睛，在果断的眉弓下略微半闭，似乎是声明其因长久的劳累和所受的打击；额头下的那些明显的囊透露岁月的流逝和人物历经的沧桑在他脸上留下的印记：鼻子明显被打扁了，就像在所有拳击手身上发生的一样；颧骨微微肿起；被浓密的上髭框住的上唇也许被认为像属于吕西波斯的那件藏在罗马国家博物馆中的疲劳的拳击手一样，掩盖着在某次击打之后的上牙的缺失；暴动的头发和未修剪的胡子构成脸部的一个颤抖的框架，而透过真实主义的细节再现，这个脸部表达了一个受到动物性战斗意志激励的贵族的野蛮和不屈的性格。

潘泰利科大理石
248×155cm
来自陶瓷区的双门镇的大门附近，
清单编号 738

阿里斯托纳乌泰斯的墓葬小神殿

约公元前320年

这件作品是相对完整的，只有右脚、相对应的地面、左边的壁柱和部分的左腿是修复的。阿尔凯纳乌泰斯·哈莱埃奥（意思是哈莱乡区的，正如下楣的铭文所讲述的）的阿里斯托纳乌泰斯被表现为正处于战斗状态的战士。有着比真人更大尺寸，并且被从背景平面完全脱离出来的这个人是具有独特戏剧性的。他就像在舞台上一样运动着，准备面对一群看不见的观众，表演自己的角色。墩柱的深度创造出深深的阴影，阿里斯托纳乌泰斯就从这些阴影中向着光亮跳出来，在形体和盔甲上都得到细致的描绘。他坚定地向着右边移动，一边在开放空间里挥舞着剑（已经丧失），就像哈利卡尔纳索斯的陵墓的柱顶盘中楣的那些人物一样，在行动的激烈时刻紧张而专心。他意外地扭转头部，使面部成为整个构图中唯一正面的元素。他的面部表情有着强烈的情感，作者还赋予它巨大的眉弓。人物头部的突然扭转阻止了他的运动，使人物形象的动力轴偏离原位，并将它封闭在已故者的现实之中。这是一个突然的获得意识，它使人物的行动永远中断。阿里斯托纳乌泰斯的攻击是被世俗环境孤立的人的攻击，这个环境曾经支持过他的在一个充满着各种集体价值的社会中联合在一起的先辈们。他的夸张是被尚武狂热激励的个人冲动的夸张，这个冲动意外地遭遇了死亡——这个使人石化的幻象。

带有马和奴隶的墓葬建筑物

公元前4世纪末

大理石，
200×190cm，
来自拉里萨火车站附近，
雅典，
清单编号 4464

这块由两片组合而成的巨大的浮雕（马的尾巴也许能够伸出到左边的壁柱之上）可能属于某个高贵人物的墓葬小神殿。这是一件在风格和比例方面都比较独特的作品，是艺术家在公元前 4 世纪晚期的“手法”与希腊化时代之间的一个过渡作品。人们在马的臀部的上方发现了一个头盔的轮廓，这意味着这位已故者是一个士兵。马是强有力的，甚至是情感奔放的，它被艰难地容纳在可支配的空间限度之内；人物紧张的肌肉突显出其饱含精神的眼睛里爆发出的一种不可克制的张力。颈脖的扭转和用力踏地的四足，显示出由于它不能摆脱所处的地位而产生的绝望意愿，在这处境中，它与那竭力拉扯、抽打和喘气的黑人马夫处于明确的对立。雕刻家带着非凡的直觉委托给用豹皮制的鞍鞯一个重要的作用，以对于攻击工具之威力的特殊关心，在那些最小的细节中，艺术家们用逼真的手法探究它的可怕的长牙和爪子。这种已经变得柔软的野兽的口鼻部和战马的膨胀的口鼻部之间的相似度是惊人的，在作为一种已经消逝的可怕威力之形象的中间的豹皮与马的不可驯服的生命力之间的对照，也许表达着一个形而上的内容，同时又大胆地继续走着由伊利索斯（清单编号 869）所制造的那些墓碑的路线。在这里，已故者不是被再现，而是借助都是空虚的头盔和兽皮来“召唤”。人物的死亡悲剧因此被完全托付给了马的动作，而马在被带来参加完丧葬仪式之后，便拒绝放弃那被献给主人的记忆的地面。从马夫的冷漠表情可以看出，他在日常生活中经常对马很粗暴。死者被抛回到影子的世界里，而动物则被禁止表达它的情感。

“哲学家”的头像

约公元前240年

青铜

高 29cm

来自安提基泰拉的大海，清单编号 X13400

这个头像于1901和1902年间在大海中与同一作品的其他碎片和众多别的雕刻一起被发现。这个人被表现为站立着，身体几乎完全被那件抛在左肩上的无袖长袍遮盖，右臂向前弯曲着，左手掌合拢着。塑像可能表现的是犬儒派哲学家比奥奈，与他的前辈们相比，他有了一种不太激进的思想，并且标志着一个“享乐主义”的转折。波吕斯泰奈这个修饰语使人想到古代的斯基提亚：正如其他的离心人物和哲学家的情况那样，比奥奈也许出身卑微，来自一个在希腊共同体以外的地区。事实上，他从不隐瞒他的母亲曾是个妓女的事实，并且由于他父亲没有清偿债务的能力，他曾陷入奴役之中。身体线条的某种粗糙和浓密的头发，有助于画家描画这个来自异域的、有点粗鲁的、被锐利目光和手臂的确切动作补救的人的轮廓。目光和手臂的动作让人们想到一个不可能被还原的、被时代的改变震撼的、自由的、个性化的、毁灭性的、世界性的代表者。那些相对于在他之前的犬儒派学者的区别也是由他的外貌决定的：被整理过的波浪状的胡子、倾斜较小的上髭、奢华的靴子，这些仍然是他在拥抱犬儒学说之前向柏拉图的学园炫耀的东西，他的目光带有一点嘲讽，嘴角也流露出了某种讥笑。不过，其外貌的粗糙掩盖却没有完全藏匿人物惊人的智慧力量。

忒弥斯雕像

凯列斯特拉托斯，约公元前300年

潘泰利科大理石
高 222 cm
来自朗农泰斯，清单编号 231

这个巨大的雕像于 1890 年在朗农泰斯圣所的涅墨西斯（复仇女神）小神殿里与许多其他的尺寸巨大的雕像一起被发现。忒弥斯是秩序和法律的主宰者。她与战胜了被原始众神造成的混乱的宙斯的结合，代表着正义和神与人之间和谐时代的开端。对于被宙斯确立的法则的违反将会导致涅墨西斯的干预，她有时被认为是忒弥斯的女儿。公元前 440 年至公元前 430 年，菲狄亚斯的一个徒弟阿戈拉克利托斯为朗农泰斯的大神殿创造了一尊巨大的涅墨西斯像，高为人身高的两倍（它的一些残片被保存在博物馆里），这个巨大雕像在同样大于人身尺寸的忒弥斯身上被人们再度想起，忒弥斯雕像由凯列斯特拉托斯为梅加克列斯制作，正如底座上的铭文所讲述的，是作为给这位女神的还愿礼物。出生在朗农泰斯的凯列斯特拉托斯生活在一个富裕的家庭，他也许是一个对理论方面比对技术方面更感兴趣的知识分子，正如特别是在衣褶上的某些生硬处的制作所能够证明的，这些地方显示出他缺少一个常规的雕刻家所必有的长期作坊培训。被亚历山大大王的继任者们之间为争夺继承权而进行的斗争和被拉卡列斯在雅典的僭主统治所摇撼的公元前 3 世纪最初的那些年，特别适合人们对于正义的主题的思考。我们能够想象，凯列斯特拉托斯是在对阿戈拉克利托斯的庄严典范的凝视中成熟起来的。另一方面，拉卡列斯也许正是由于对众神和人的冒犯而正好受到了涅墨西斯的惩罚，因为他意欲剥下雅典娜—帕尔泰诺斯的金衣以资助他的战争事业；另外，朗农泰斯圣所也被牵连进那些导致他垮台的冲突之中。因此，这件作品再现的是一段有着新生的折衷审美趣味的故事，这种审美趣味不同于当时的那些主要潮流，它出于象征和怀旧的动机，以试图恢复过去的那些精确的艺术时刻。

大理石

高 74 cm

来自利科苏拉，阿尔卡迪亚，清单编号 1736

巨人阿尼托斯的头像

达摩丰（？），公元前2世纪初

头像于 1889 年在利科苏拉（在今天的西代罗卡斯特罗的地方）的土地之神代斯波依纳的圣所之内，在对这座建于公元前 2 世纪的多利亚柱式神殿的禁地的挖掘过程中被发现的。它属于得墨特尔、代斯波依纳、阿尔忒弥斯和阿尼托斯崇拜的群雕，由美赛纳城的达摩丰制作。关于达摩丰的这件作品，保萨尼亚斯说，他记得这个巨人穿得如同武士，这个证言被发现的胸甲的某些碎片证实。美赛纳城人达摩丰是阿提卡传统的代表者：他修复了菲狄亚斯用黄金象牙制作的巨大的宙斯像和在埃吉奥、美加罗波利斯、美赛纳等地的众多神像。对于菲狄亚斯杰作的修复，使得他能够理解如何在一个封闭的环境里插入巨大尺寸的图像，而对于帕特农神庙里的各个人物形象的细心研究，则锻炼了他制作富于活力和张力的雕刻的能力。在这些雕刻中，衣褶被发展到一个特殊的表达自主性水平，超出了菲狄亚斯本人的那些曾经大胆的试验。大致同时代的佩尔加摩祭坛的壮观的中楣上的某些巨人的头，为阿尼托斯提供了第二个参照尺度，它显示出在深刻的表达差异之中，受到古代艺术风格影响对身体特征的规则性的关注。此外，还有被半开的嘴唇和被镶嵌的眼睛赋予面部的渴望及头发和浓密胡须的逼真性。胡须被有意留下，处于未完工状态，不规则的须绺构成下落的块状物，这是来自佩尔加摩的元素。在神殿内殿的阴暗处，古代的表达语言肯定显得不稳定并随时会消失，这正符合达摩丰的艺术追求，由于达摩丰的仿古倾向，他被视为新阿提卡艺术流派的开创者之一。

运动员雕像

公元前2世纪下半期的复制件，
根据约公元前440年初的波吕克列托斯的原件

潘泰利科大理石
高 105cm
来自埃莱乌西，阿提卡，清单编号 254

尽管雕像有上肢和一半下肢的严重缺失，但这件作品依然是对于波吕克列托斯原作的再创造的一个重要记录，因而是一件最大程度地体现古代的概念，在希腊化全盛时期制作的作品。可能是田径运动员居尼斯科斯的这位年轻人，以右手扶住一顶金属的冠，将它给自己戴上。由于雕像身体的重量完全落在左腿之上，它的身体就被建造得能够呼应这个扶冠的动作：静态的右腿略为弯曲，人物的盆骨被轻轻地移到左边，而那条黎明线（即那条将胸部和腹部的左四分之一与右四分之一分隔开的线）画出一个S，它在最高处延伸到颈部的肌肉，并托住巧妙地倾向被上抬的右肩膀的头部。肌肉结构与行动和行动之后果的总结是牢固和紧密的。然而，在波吕克列托斯的作品中，为了赋予那个迎着一个他感觉自己有能力加以干预命运的人的坚定信念以自信，被以立体的方式加以强调的东西，在这里应该说微妙地被一束光调节，比起那些立体的外观，这束光似乎更加注重定义被大理石的杰出加工支持的某种结构。在被温和地个性化了的、看上去几乎被一个忧伤的影子遮盖的面部，和在伤感地与波吕克列托斯的整齐定义毫无关系的蓬乱头发的密集块之中，雕刻者确实将表达的渐进法运用得很到位。构图最终仍然是和谐和平衡的，双肩之间的对照没有平衡感，而古代人物的自信则不自然地消失了。这件动人的雕刻不仅仅是一件复制件，它更应该被视为用一个参与一种完全不同的精神背景的艺术家的眼睛看着的，一个历史上极伟大的古典大师的再解释。

帕罗斯大理石
高 235cm
来自美罗，清单编号 235

波赛冬雕像

公元前125年至公元前100年

这尊雕塑经过在长袍和在左脚的补全而复原。这件庞大的作品流露出的艺术气息和表达的气象，相当接近那种在佩尔加摩导致产生庞大祭坛活动（公元前 183 年至公元前 174 年）的气象。上文提到的达摩丰为利科苏拉的神殿创作的雕像也属于这种气象，例如在嘴、双颊、眉毛上的刻画可以看到相似性，这种气象可能与该作品同时生成，也可能早于该作品，因而它也许代表着最常见的波赛冬造型艺术在印象主义意义上的一个发展。根据保罗·莫莱诺的假设（1994 年），这件作品可能来自于一个亚历山大时代的青铜原作（若是这样，它就显然缺少那作为支撑的海豚），在这原件中还存在有在头上的饰带被风拂动这一细节，这个细节在巴特里亚纳的安提马科斯一世（约在公元前 176 年）的造币复制件中是显著的。根据另一些人的说法，这尊雕像也许可以被确定为创作于公元前 2 世纪的最后四分之一阶段。无论属于两种情况中的哪一种，它都像是一种王朝节庆氛围的表达。波赛冬优雅而威武，处于身体中轴强有力的扭转之中，旋转的身体被右腿支撑并且被垂直握在右手之中的三齿叉（青铜制，已遗失）所平衡，同时他左腿蹬地，左臂平衡着行动。人物的上半身很健壮，但既不像佩尔加摩神殿之中楣的那些巨人的身躯那样肌肉肥厚，也不按照罗得岛学派的方法那样雕得鼓胀。他头部抬起，表情像王者一般尊贵，被搭在左肩上的长袍引导，并且被在右肩处的空虚处加强，在这个空虚处，人物在上举的手臂和三齿叉找到了冲力。

马和年轻骑师

约公元前140年

青铜

高 210cm

来自阿尔特弥西奥角的大海，清单编号 X15177

这组雕像于1928年至1937年分多次以碎片形式被发现，然后被重新组合，并在某些空缺处和马尾加以补全。这件惊人的作品也许是献给这位年轻骑师的——一位看上去只有十二岁左右的小男孩。马被表现为处于疾速奔跑中，以一种四腿交替奔跑的步伐伸开，这根据的是一种艺术家们为希腊艺术所熟知的共识，即把奔跑等同于一连串的夸张跳跃，以突显那种放纵的向心动力。整个动物的身体就是这样趋向于不真实，肌肉在皮肤之下扭动，骨骼结构完全清晰可见。能够被明确辨认出来的各种有着自然主义特征的标记都服从运动的表达。被极度拉长的形式似乎在强加一个从左侧观看的侧面视觉，这一假设被骑师的姿势证实。作为疯狂奔跑的弱小却意志坚定的控制者，他略微向左侧扭转身体。在时机方面，这个神奇的群像却是以被缩小到骑师那样的极小尺寸，在疯狂的飞奔之中戏剧性地变小，但又奇迹般地以坐在自己位置上的人与无比强大的自然力量之间的关系为基础的。与人统治着世界的古典时代不同，现在，在一个比他自己大得如此之多的宇宙中，人只是一个元素，并且根本不是最重要的元素。但他被赋予了指导自己的行动，或者至少是向我们证明的能力。被这件作品所表达的各种美学与哲学价值的复杂性符合在佩尔加摩开展的研究，并且对被多种多样的希腊化艺术流派探索的对于人类堕落的再现，起到道德对立面的作用。

向前方扭转，带着紧张痕迹的年轻人的面部，表达出将要达到胜利的最后努力的热情

小男孩不用鞍鞯地骑着马，赤足套着马刺，身穿一件被风吹动起来的短衣，举起左臂以放松辔头，同时以放低的右臂鞭打动物的背部。他扭转头以便窥视竞争对手

在向着目标最后跳跃的痉挛中，马的鼻孔张大，眼睛闭上，双耳向后卷起

受伤的加拉泰人的雕像

公元前3世纪至公元前2世纪或公元前100年

帕里奥大理石
高 93cm
来自德罗斯岛的意大利人广场，清单编号 247

这件作品是由一些互不相同的碎片重新组合而成的：头的位置完全不是确切的，并且缺少了某些部分。关于年代，考古学家们对它的假设多种多样。也许它与佩尔加摩的阿塔罗斯一世的一次捐赠有关，因此可上溯到公元前 3 世纪和公元前 2 世纪之间；或者可能是由以弗所的雕塑家阿加西亚斯制作，以庆祝由罗马人马利乌斯在公元前 101 年获得的对于钦布里人和条顿人的胜利。通过生硬和猛烈的跳跃和对立面连接而成的离心构造，在某种意义上属于阿尔忒弥斯角的骑师的氛围。这个被一支箭伤及右大腿内侧（青铜箭杆插入处的那个孔依然可以见到）的年轻而不屈的战士身上的精神，通过那最后的想要保卫自己的尝试而被体现出来，他朝一个从左方逼近的敌人举起盾牌，并且张开口发出一声最后的、可怕的叫喊，这种精神后来被拉奥孔以一种被戏剧化地强调的悲剧性再度采用。和被抓在右手中尖头朝上的剑一样，盾牌应该也是青铜的。失败的绝望感动力来自于与这件作品的内容非常接近的佩尔加摩的那些壮观而复杂的献供仪式，在那里，被打败的加拉泰人表现出一种史诗般的高贵。以这样一种年代学的眼光来看，这件雕刻可能属于被帕加马王国国王阿塔罗斯一世命令兴建的那座宏大的建筑物，在雕像的底座上，人们看到他的名字与加拉泰人这个名称，以及与动词“做”写在一起，虽然没有制作者的名字。根据一个在希腊化世界相当流行并且因一些受到哈利卡尔纳索斯的陵墓的中楣影响的浮雕而为人所知的典范，这件雕像当时可能是被放在那位骑马的得胜君主脚下的。

帕里奥大理石
高 155cm
来自得罗斯岛，清单编号 3335

阿佛洛狄忒、潘和厄洛斯组像

约公元前100年

这件宏伟的群像于 1904 年在得罗斯岛的波赛冬崇拜者之家被发现，其某些部位被修复（女神阿佛洛狄忒的右臂和头部、潘和厄洛斯的双腿和左臂、潘和厄洛斯的双角和右臂被修复，另外阿佛洛狄忒的左手的三个手指和右手的一个手指是以石膏重新做的）。底座的铭文说到了狄俄尼索斯，他出生于黎巴嫩的贝鲁特，是这个城市的施恩者，他向这个城市的祖先诸神献上了这件群雕。群雕的场面是诙谐的：女神正准备沐浴（请注意她用来收束头发的饰带），被潘和厄洛斯粗鲁地接近，这时带翼的小爱神厄洛斯将他推开。女神假装以一个有着消遣优越性的玩笑动作，用一只凉鞋威胁好色的林神。作品既在于对场景的不同表现，又在人物的相互远离的动作中，毫不掩饰地利用年轻女子的美与林中动物的丑之间的各个对立面的辩证法——人物的脚相互交叉呈校准过的对立点。构图是对各种从对自然事物的观察中获取的元素和各种来自雕塑艺术的主题（这在阿佛洛狄忒身上尤为明显，她的匀称协调取自“克尼迪亚”，而动作则来自“美地齐”）的智慧而折衷的融合。女神的身体在其现实主义观察中是未曾有过的，这些观察在模特身上透露出雕刻家对于一类有着微弱表达力和肥胖倾向的年轻女子的偏爱。物理的偶然性从如同小趾的萎缩所证明的习惯于穿凉鞋的双脚，分散到支撑着宽大盆骨的双腿，到被带着民众的无耻而炫耀的袒露的双乳，到粗壮的颈子，一直到其丰满的双颊，最后到有着一个真正个人化的“反古典”美的揭示。

皇帝奥古斯都骑马像

约公元前10年

青铜

高 123 cm

来自阿基奥斯、埃乌斯特拉齐奥斯与优卑亚岛之间的大海

清单编号 X23322

只从马身以上的部分被保存下来的这件雕像提供了奥古斯都在庆祝正统性活动之外的最值得纪念的形象之一。“首脑”的官方图像其实是在公元前 27 年之后被确定的，当时的罗马元首渥大维将他在反马尔库斯·安托尼乌斯的战争期间承担的那些特殊权力正式交还给了元老院和罗马人民。作为交换，除了获得在那些未被平定的行省的军事指挥权，他还获得了“奥古斯都”（大意为神圣的，可敬的）这个称号。他的官方画像后来在实质上一直没有根本的改变，他的各种特征取自渥大维先前以希腊世界君主的画像为范本而作的画像和亚历山大大王的画像：略为前倾的头，蹙起的眉毛，简单的发型，但所有这一切是透过有着一个被理想化的和起正规化作用的古典风格的宫廷性质而重新解读的。雅典的奥古斯都远离了这种官方的修辞学：面部是多角的，不对称的，大体上呈三角形，被一个有着过分长度的颈项支撑，面颊缩进，嘴唇干瘪并且紧闭。这一切都有助于给予这个人一个坚强、残酷，几乎轻蔑的表情。右手的动作是权威性的，左手坚定地拿着缰绳，祭司长袍和军事将领的披风强调着其军事和宗教的角色。远离“首脑”的画像在西方被展示出所特有的那种尺度，这件作品的表达强度似乎揭示了权威的真正面目——没有了被希腊世界君主的颂扬传统所保证的面具，和奥古斯都在其合法化之下建构了自己绝对权威的共和国伪装的面具。一个如此无成见的“精神”真实性，也许是一个无名的希腊艺术家的创造独立性而非奴性的成果。

男性头像

公元前1世纪初

青铜
高 32.5cm
来自得罗斯岛，清单编号 X14612

作品来自得罗斯湖的健身房，也许属于一个荣誉雕像，雕像可能在弥特里达提斯六世在公元前 88 年的那次入侵时被毁。其面部略微转向上方和左方，嘴半张，眼睛略微朝向上方，蹙眉，前额皱起，头发被安排成无秩序的发绺：这些元素强烈地使人想到希腊化时代的英雄画像，如那种为亚历山大大王和他的继任者们构思的画像。但是这位无名人物的英雄式狂热却被强制性的自然主义阻止——巨大的头与一个肥胖的颈项，双下巴，多脂肪区域的再现，光亮就停留在这些地方。他的面部有一种差不多是失望的情绪，就像是受到众多情感和未能实现的冲动的震撼，是面对各种事件的无奈和顺从的表情：在人物外表的软弱中，可以隐约地看到他似乎有一种面对一个越来越不受人控制的历史和面对使整个希腊屈服并使它的那些最优秀的人沉入忧伤的各种事件时的服从感。作品表达的是人物对行动厌恶而痛苦的放弃、失望和对软弱的沉思。这个细致微妙的画像，是亚细亚艺术传统的极致而忧郁的代表性作品。

大理石
高 49cm
来自雅典，清单编号 419

男头像

公元2世纪末

这颗头像被发现于雅典卫城脚下的狄俄尼索斯剧院。其下面的部分已经丧失，鼻子被毁坏，部分的头发是用石膏修复的。它从一簇莨艻花叶中露出头来，莨艻花叶还被部分地保存在头像的后部，这是永恒与重生的明确象征。一个老练的明暗技术定义着这个美丽的头像。面部的红润被带着几乎固执的细心磨光，以使其体积能够毫无冲突地从一个层次穿透到另一个层次，并被光线的滑动柔和地伴随着。坚定的眉弓被轻微的刻痕突出。长了几天的轻微的胡茬赋予了嘴唇和面颊的下部以活力，毛发在下巴处变得浓密，形成被带着不在意的做作听任生长的众多小绺，其胡须表示了人物智慧的复杂性而不是他的粗鲁。脸部被一头甚至盖住了肩膀的丰茂头发框住，其长长的发绺以优雅的随意性摇动着，在落到左眼上的那绺头发中还夹杂着一种带着狡黠的碰撞。头部向右侧的扭转使人想到希腊时代人物的那种脸部朝向远方凝望的古典结构，但他的嘴并没有以古代的渴望闭阖起来，因为人物当时正处于死亡状态，并且死亡还将人物的视线从无限远处放低，落到最直接和最醒悟的与虚空对立的位置。在大理石被磨平的表面与各明暗块之间的对照中，那种被强调的和表现画者技艺高超的颜色的使用，华丽而讲究的制作品质和被凝结的总色调，都有着安托尼尼时代的典型特征，作品似乎应该被确定为属于那个时代。一直到今天，人们提出的对于这幅作品的时代所属的众多推测，没有一个是有说服力的。

雅典考古博物馆

参观指南

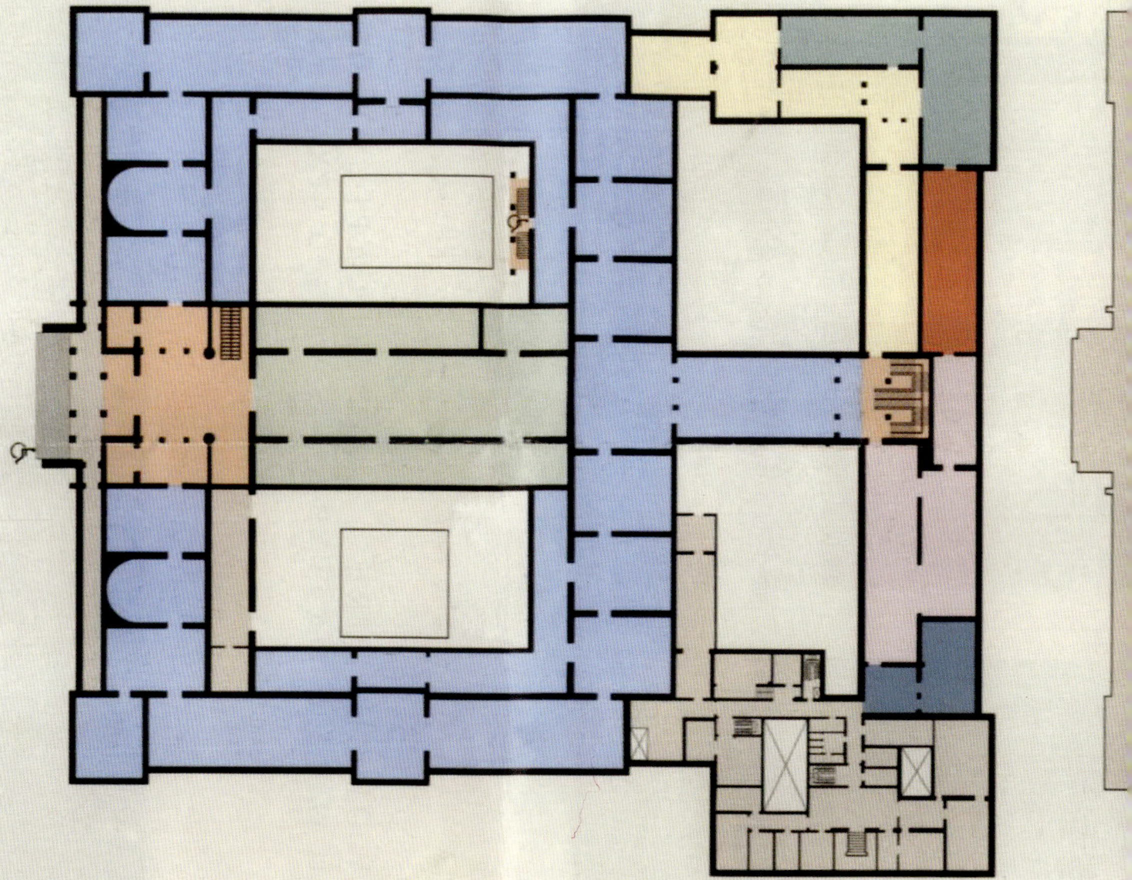

左：一楼

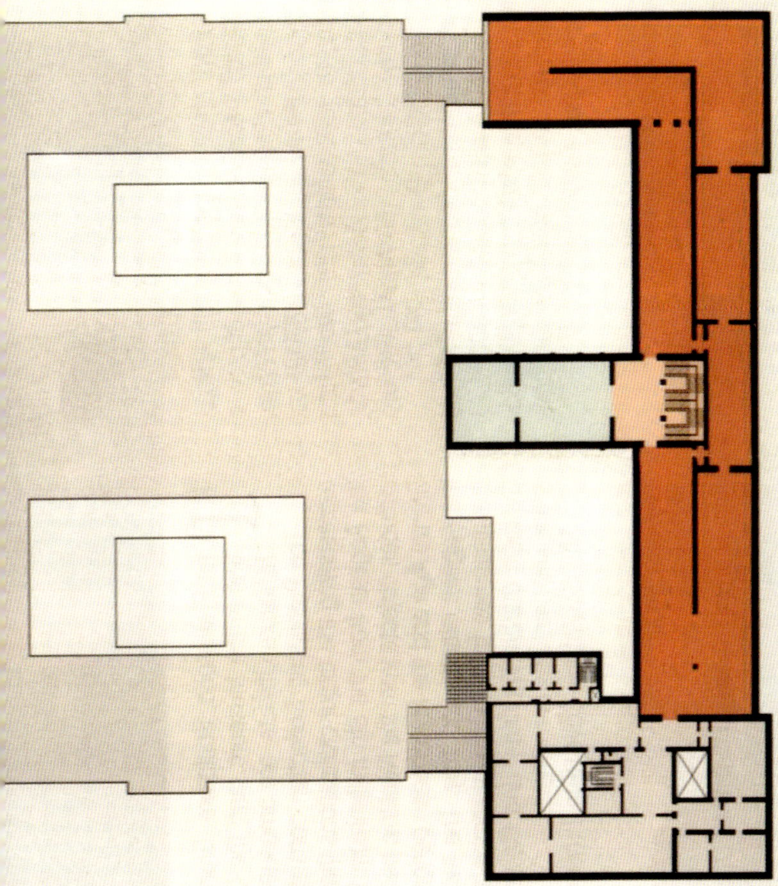

一楼

史前收藏

雕塑收藏

青铜收藏

埃及收藏

器皿及微小画收藏

临时展览

会议厅

二楼

衣帽间

史前收藏

器皿及微小画收藏

艺术品及艺术家索引

图书在版编目（CIP）数据

雅典考古博物馆 /（意）卢卡·莫扎蒂编著；陆元昶译. — 赤峰：内蒙古科学技术出版社，2018.1（2023.6重印）
（伟大的博物馆）
ISBN 978-7-5380-2929-1

Ⅰ. ①雅… Ⅱ. ①卢… ②陆… Ⅲ. ①博物馆—介绍—雅典 Ⅳ. ①G269.545

中国版本图书馆CIP数据核字（2018）第025745号

雅典考古博物馆

编　　著：〔意〕卢卡·莫扎蒂
译　　者：陆元昶
责任编辑：张继武
封面设计：李　莹
出版发行：内蒙古科学技术出版社
地　　址：赤峰市红山区哈达街南一段4号
网　　址：www.nm-kj.cn
邮购电话：0476-5888970
印　　刷：三河市华东印刷有限公司
字　　数：120千
开　　本：787mm × 1092mm　1/16
印　　张：10.25
版　　次：2018年1月第1版
印　　次：2023年6月第2次印刷
书　　号：ISBN 978-7-5380-2929-1
定　　价：148.00元

如出现印装质量问题，请与我社联系。电话：0476-5888926，5888917

© 2006 Mondadori Electa S.p.A., Milano – Italia
© 2018 for this book in Chinese language – Phoenix – Power Cultural Co., Ltd
Published by arrangement with Atlantyca S.p.A.
Original Title: Museo Archeologico Atene
Text by Luca Mozzati
No part of this book may be stored, reproduced or transmitted in any form or by any means, electronic or mechanical, including photocopying, recording, or by any information storage and retrieval system, without written permission from the copyright holder. For information address
Atlantyca S.p.A., via Leopardi, 8 – 20123
Milano Italy – foreignrights@atlantyca.it – www.atlantyca.com
Cover picture © Phoenix – Power Cultural Co., Ltd

Photo Reference

© AKG – Images, Berlino
© Archivio Scala Group, Firenze
© Lessing / Agenzia Contrasto, Milano
Archivi Alinari, Firenze
Archivo Oronoz, Madrid
The Art Archive / National Archaeological Museum Athens / Dagli Orti
Art Resource, New York: Nimatallah / Vanni
The Bridgeman Art Library, Londra
Corbis, Milano
Reuters / Agenzia Contrasto, Milano
L'editore è a disposizione degli
aventi diritto per eventuali fonti
iconografiche non individuate.